数字化转型

价值创造与业务创新

罗 航◎著

电子工业出版社

Publishing House of Electronics Industry

北京·BEIJING

内 容 简 介

当今社会，数字化转型升级已经成为不可逆转的必然趋势。企业为了能在激烈的市场竞争中脱颖而出，全面、系统、一体化的数字化转型变革已上升为企业的重要战略。然而，企业要进行数字化转型又谈何容易，很多企业还没有做好充分的准备，数字化浪潮所带来的冲击已经扑面而来。本书将深入探究关于企业面临数字化转型的各种问题，理论严谨，案例丰富，为各行各业的企业提供参考。

本书由基础篇、应用篇、展望篇组成。基础篇从理论上论述数字化转型的基本概念和方法；应用篇以制造企业为例，论述从生产制造到销售过程各个环节的数字化转型案例；展望篇面向未来，带来很多产业视角的新观点，提出数字产业的十大趋势和三个终局猜想，期望能给读者带来启发。

未经许可，不得以任何方式复制或抄袭本书之部分或全部内容。

版权所有，侵权必究。

图书在版编目（CIP）数据

数字化转型：价值创造与业务创新 / 罗航著. —北京：电子工业出版社，2023.12

ISBN 978-7-121-46833-9

Ⅰ. ①数… Ⅱ. ①罗… Ⅲ. ①企业管理—数字化—研究 Ⅳ. ①F272.7

中国国家版本馆 CIP 数据核字（2023）第 234826 号

责任编辑：刘志红（lzhmails@phei.com.cn）　　　　特约编辑：李　姣
印　　刷：北京天宇星印刷厂
装　　订：北京天宇星印刷厂
出版发行：电子工业出版社
　　　　　北京市海淀区万寿路 173 信箱　邮编：100036
开　　本：720×1 000　1/16　印张：16.25　字数：260 千字
版　　次：2023 年 12 月第 1 版
印　　次：2023 年 12 月第 1 次印刷
定　　价：86.00 元

凡所购买电子工业出版社图书有缺损问题，请向购买书店调换。若书店售缺，请与本社发行部联系，联系及邮购电话：（010）88254888，88258888。

质量投诉请发邮件至 zlts@phei.com.cn，盗版侵权举报请发邮件至 dbqq@phei.com.cn。

本书咨询联系方式：（010）88254479，lzhmails@phei.com.cn。

前 言

　　毋庸置疑，我们已经稳步进入数字化发展新时代。移动互联网、人工智能、云计算、区块链、大数据、物联网、5G、数字孪生等多种多样的数字化技术蓬勃发展，对各行各业产生广泛而深远的影响。身处于数字化时代之中，迟缓驻足者将被时代抛弃，黯然退场；而选择拥抱变化，顺应数字化转型，实现产业升级，有机会勇立时代潮头。

　　本书分为三篇，基础篇从理论上论述数字化转型的基本概念和方法，由数字化转型的必要性引入，首先介绍了数字化趋势对产业变革的引领，而后通过对数字化转型核心技术、能力建设这一系列理论的介绍，构建数字化转型的基本理论框架，同时，通过对数字化转型的战略规划及成长路径的分析，为企业顺应数字化趋势发展提供理论指导。

　　制造业是我国的产业根基，应用篇以制造企业为例，沿着价值链各环节详细分析了数字化转型在制造、生产、物流、零售、营销、服务各环节中的应用方法及场景，并展示了大量案例。通过对海尔、京东、亚马逊等优秀企业成功运用数字化技术进行转型升级、优化产品服务的实践案例进行剖析，借鉴领先企业的成功案例，为读者提供参考，也为数字化转型的理论提供了案例支撑。

　　展望篇站在产业视角，面向未来，阐述了数字产业对各行各业的影响，提出了数字产业发展的十大趋势，对数字化趋势如何赋能各行各业、技术如何推动产业不断发展等问题进行进一步的探讨。同时，深入分析了一般意义上的数字产业基本规律，并做出逻辑推演，提出三个大开脑洞的终局猜想。

本书将理论与实践案例有机结合，由浅入深，由点及面，在深入剖析理论的同时增添了可读性。本书不仅有理论指导意义，更具有实操价值，还能为读者带来思考和启发。

数字化转型并不是一个简单的将数字化技术嵌套进现有产品和业务的过程，而是需要掌握全局视角，理顺逻辑，从战略高度推动和落实业务转型。不论是对企业，还是对国家，这都是一个充满机遇同时也面临无数挑战的新时代。本书所论述的理论框架、趋势展望和终极脑洞，期望能成为企业家的灵感源泉，能为每一个面临数字化冲击和困扰的企业排忧解惑，也期望这些内容能为中国产业转型的漫漫征途贡献一份力量。

目　录

应用篇　数字化转型实战方案

基础篇

数字化趋势席卷全球商业

现在是数字化时代，各种技术不断发展，催生出一场令所有人都十分震撼的变革。在此背景下，如果企业没有及时进行数字化转型，那可能会落于人后，甚至被淘汰。可以说，为了更好地应对这场变革，所有想生存下来的企业都应该做好准备，设计一条适合自己的数字化转型之路。

基础篇以数字化转型为核心，详细介绍了数字化转型知识，包括数字化发展背景、数字化转型核心技术、数字化能力建设、数字化转型战略规划，目的是让企业对数字化转型有一个大致的了解，为后期的数字化转型实践奠定基础。

第 **1** 章

数字化趋势引领变革

数字化转型是社会、经济、技术发展到一定阶段的必然趋势，数字化转型已经成为企业生存发展的"必考题"。越来越多的企业纷纷交出数字化转型升级的"高分答卷"，使数字化技术和应用不断深入各行各业，形成了生机勃勃的数字产业，支撑了数字经济的高速发展。

随着技术应用的深化和普及，企业的数字化转型从初级到高级大致可以分为3 个阶段：信息化阶段、数字化阶段和智能化阶段。数字化转型浪潮扑面而来，将为企业提供具体的解决方案，助力企业转型升级，使企业迈向新的台阶。

1.1 思考：为什么要进行数字化转型

在全球经济增长放缓的时代背景下，国内经济由高速增长阶段转向高质量发展阶段，而数字经济的蓬勃发展在一定程度上给实体经济带来冲击。逆水行舟，不进则退，企业需要探索新的发展模式，积极进行数字化转型，否则便有可能被竞争对手超越、被市场淘汰，最终出局。企业需要进行数字化转型的原因主要有以下几个，如图 1-1 所示。

图 1-1　企业需要进行数字化转型的原因

1. 外部环境发生改变

当今外部环境发生百年未有之大变，经济增速放缓给所有行业带来挑战。企业面临着比以往更激烈的市场竞争，急需寻求新的发展模式，改善处境。

2. 行业竞争不断加剧

行业竞争越发激烈，用户需求越发严苛，企业数字化能力的不断提高则可以有效增强自身竞争力。在数字化浪潮中反应迟钝的企业与竞争对手的差距会越来越大，甚至有可能被市场淘汰。

3. 提高核心竞争力

在市场的"狂风暴雨"下，具备较强的核心竞争力是企业能够稳步前行的关键。企业应坚持技术研发，不断挖掘企业发展的新模式、新价值和新商机，通过数字化增强企业的核心竞争力。

4. 降本增效

《第四次工业革命对供应链的影响》白皮书指出，不考虑金融影响的前提下，数字化转型将使制造业企业成本降低 17.6%、营收增加 22.6%。可见数字化转型对于企业具有降本增效的积极作用。

5. 业务流程优化和再造

业务流程是企业经营过程中积累的一系列活动集合，这是企业的宝贵经验和智力财富。业务流程执行效率的高低会对企业发展产生至关重要的影响。当业务流程各环节被定义之后，这些环节的信息被识别、采集和固化，这就是流程的信息化，而信息化是数字化的基础。企业的数字化能力能更高效地推动业务流程的优化迭代，甚至还能识别现有流程中一些不易被人察觉的问题和漏洞，实现业务流程再造。

同时，业务流程的数字化不仅可以作用于单个企业，还能作用于紧密合作的上下游企业生态。阿里云凭借"ET 工业大脑"为江苏省 30 家融合服务机构和 300 家制造企业高效利用云计算、人工智能提供帮助。

1.2 信息化：在企业经营体系内固化业务流程

信息化的作用对象是信息，信息是在企业经营活动中识别、采集、固化下来的有价值的、可传播的符号或内容。使信息脱离物理载体的限制，进入计算机系统进行有机的存储和处理就是信息化，如将纸质文档录入电子系统。

信息化作用于企业，就是将企业的流程规范化、管理简便化、信息对称化。在企业经营体系内固化业务流程对企业的健康发展起着举足轻重的作用，它能使企业的资源进一步优化，效益水平再上新的台阶。

A 公司是一家汽车租赁公司，发展初期采用传统的方式进行宣传，如在街头发传单、在报纸杂志上刊登广告、在机场展台宣传等。有诉求的客户可以打电话给 A 公司，接线员将客户诉求记录在笔记本上或者电子表格中。虽然没有使用管理系统，但业务依然能够发展，只是效率较低，且记录过程中容易出错。

随着业务的扩大，A公司开始采用信息化系统赋能业务。A公司先开通官网，然后购买OA（办公自动化）、财务管理等系统软件，以提升管理效率，节约人力成本。A公司还和软件机构合作，开发车辆租贷管理系统，使业务人员可以随时掌握车辆信息，响应客户需求，大大提升客户满意度。

基于这套系统，A公司还开发了客服呼叫中心系统、CRM（客户关系管理）系统和MTS（管理者胜任素质测评）系统等，工作效率大幅提升，核心竞争力也日益增强。借助全面的信息化升级，A公司的盈利再创新高，业务也扩展到更多城市。

随着数字经济的发展，信息化已经成为企业的必经阶段。智能系统的价值越发凸显，不仅能为企业的平稳运行提供保障，还能助力企业发展壮大。

1.3　数字化：技术驱动下对企业信息的升维

数字化的作用对象是数据，由此可以认为数据是被更高效管理的信息，也是技术对信息进行加工、整理、提炼的产物。数字化的概念有狭义和广义之分。狭义的数字化指通过信息系统、传感器等将复杂多变的信息数据转变为二进制代码，使之成为可识别、可计算、可分析的数据，再用这些数据建立模型，助力企业业务升级，最终达到降本增效的目的。

广义的数字化覆盖了企业经营的全部流程、场景、时空和价值链，指通过互联网、人工智能、区块链和大数据等信息技术对企业的架构、管理、生产、营销等方面进行管理、优化、提炼和重塑。数字技术不再局限于解决企业的单点问题，如信息存储和管理，而是把控全局，通过技术赋能企业的业务升级优化，达到降本增效的目的。

企业想要实现数字化，就要有与之相匹配的组织架构。例如，参考互联网科技企业的管理模式，制定数字化战略，自上而下进行变革，培养更多复合型人才，让数字化转型的落地更顺畅，效果更显著。

除了给企业内部管理带来改变，数字化还对企业外部的商业模式进行改造。例如，之前的自动售货机通过机械的方式完成产品销售：先是消费者选择产品，之后消费者投币，最后，消费者取走产品，机器找零。现在的自动售货机能够实现消费者利用人脸识别功能打开柜门，售货机通过 RFID 识别取走的产品，自动进行结算，让产品销售更数字化。

数字化还实现了企业业务能力的对外输出，在数字化系统强有力的支撑下，产业链上下游的运作体系被重塑，企业在任何环节都能与其他企业协同合作。例如，菜鸟网络实现了国内仓配行业各平台的融通，任何菜鸟网络中的物流公司都能将产业链分解重构，融入菜鸟网络的平台生态。

1.4 智能化：人工智能技术为企业带来多重价值

智能化的作用对象是知识，知识是对海量数据进行深度提炼得到的结果。数据反映的是企业的现在，而知识则可以指引企业的未来。随着人工智能逐渐成熟，特别是近几年深度学习的广泛应用，在数字化浪潮中孕育出的智能化对企业的发展影响颇深。

如果说信息化是对数据的收集，数字化是对数据的有限转化，那么智能化就是对数据的全局转化、分析和升华。智能化为企业带来的价值如图 1-2 所示。

1. 智能化管理

智能化管理就是企业通过智能化手段，协同人工智能与人类智能，进一步提升管理能力与管理效率的一种管理模式。智能化管理要求企业大力开发并应用人工智能工具，将人力资源从简单重复的工作中解放出来。

智能化管理

智能化运营

智能化决策

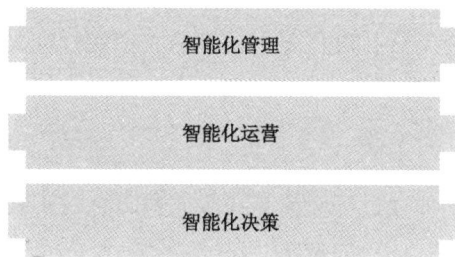

图 1-2 智能化为企业带来的价值

当然，智能化管理也并不意味着使人工智能完全取代人类智能，在决策性问题方面仍然要坚持使用人类智慧。在各行各业里，智能化管理都有着许多应用场景。例如，通过智能化管理手段打造智能化管控平台，能够有效帮助企业的各层管理机构更高效、便捷地监督安全预防体系落地；构建企业隐患与安全风险智控大脑，能够精准分析管理问题，使各部门严明自身管理责任，更进一步提升管理水平与风险决策能力；使用智能算法实现动态管控，通过大数据技术收集整合风险评估数据，提升企业协同管理抵抗风险的能力；通过智能管理明确管理体系，实现风险分级管控、分部门管控，提升管理能力与管理效率。

2. 智能化运营

智能化运营是指企业通过智能化手段覆盖业务链和价值链，提升外部效益和运营效果。

首先，智能化运营要注重对用户业务数据的收集。当用户数量不断提升时，传统的运营手段很难直接获取所有用户在操作、消费过程中产生的数据，而智能化手段拥有跨越全部端口的数据处理能力及动态的分析能力，能够更好地把握用户动态。

其次，智能化运营能够在任意场景下实现分析和决策。通过强大的分析能力对海量的用户业务数据进行分析，便可以在相应服务场景下触发恰当的运营策略。

例如，要想在变化莫测的互联网生态中实现广告的精准投放，就需要一套智能化运营系统的帮助。通过智能化手段将用户在互联网使用过程中点击、浏览、搜索等产生的数据收集整合并进行分析，判断其消费倾向与喜好，从而更好地为其提供产品推荐。

3. 智能化决策

智能化决策是指企业通过智能化手段提升自身在管理和运营过程中的决策能力和效率。面对众多内外部约束条件，企业在发展过程中需要做出很多决策，而决策者的素质与经验不同，也会对产品生产过程产生不同影响。有时因决策影响过于重大，企业管理者常常举棋不定，往往会因此错过最佳时机。

例如，面对一个新兴市场，企业在什么时机切入、以什么策略切入、如何投入资源等，在很大程度上都是由企业管理者根据主观判断和以往经验决定的。而企业智能决策引擎通过数据分析，能够提供最佳决策方案，帮助企业管理者做出更高效的决策；还可以在管理者未察觉到某些关键因素的时候做出预判，甚至自动做出有效决策。

基于智能算法与大数据驱动的智能决策系统能够自动收集产品设计、制造与服务过程中的一系列数据，帮助企业做出更科学、有效的决策。智能决策系统还能够根据产品取得的效益与反馈，不断优化自身算法，提高企业经济效益。

智能化助力企业发展，企业发展又能提升智能化程度，由此实现企业发展和智能化的良性循环，为打造行业内优良的生态提供助力。

1.5 信息化、数字化和智能化三者关系

信息化、数字化、智能化随着信息技术的发展而先后出现，它们并非相互独立，而是相互融合、相互影响。它们之间的依赖关系、能力和收益如图 1-3 所示。

信息化如同人眼看到了一朵花，进而在视网膜形成图像；数字化如同大脑分

析出花的颜色、形状；智能化如同大脑通过这一系列的分析而识别出这是一朵郁金香。

图 1-3　信息化、数字化与智能化的依赖关系、能力和收益

信息化侧重数据积累，是对数据的采集和梳理，例如，将纸质资料录入电子文档、将电子文档迁移到线上平台或云端。信息化的源头数据由人输入，如超市收银、扫码付款等。

数字化侧重数据整合，即对信息化过程中积累的信息进行整合，通过统计分析等技术手段给出分析报告。数字化的源头数据由机器产生，以网易云音乐年度歌单为例，系统会自动统计用户全年听歌的数据，分析用户喜好情况，为其推荐精准的歌单。

智能化侧重通过算法提取知识，给出解决问题的方案，甚至帮助企业预测未来形势，做出决策。它能为企业提供更多价值，对各项技术的要求也更严苛。它也可以对企业的生产与运营进行管理，帮助企业做决策，代替人的脑力劳动，例如，直接指导超市今天应该如何进货，帮助网易云选择歌曲推送名单等。

如果以采矿流程类比三者，信息化、数字化、智能化对数据的加工处理流程，就如同在数据这座矿山上进行开采、初筛、精炼、提纯，每一阶段都是对上一阶段的升华，同时也获得越来越大的价值，如图 1-4 所示。

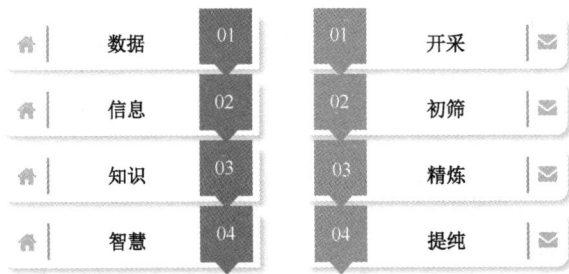

图 1-4　信息化、数字化、智能化对数据的加工流程与采矿流程对比

实现了信息化，企业能够积累各种各样的业务数据，为数字化转型打下基础，但此时的业务数据仍是复杂多变的。数字化能够将其转变为可以被度量和管理的数据，并进一步建立数字化模型，使其成为可被计算的对象。不仅如此，数字化还能够打破信息化阶段的数据孤岛，将数据整合到统一的平台中。实现了数字化，企业的技术与业务能够真正实现交互，推动商业模式的高效重塑。实现了智能化，企业将得到计算机的"反哺"，获得有力的决策支持。

信息化是数字化和智能化的基石，数字化和智能化是信息化的升维，智能化反过来作用于信息化和数字化。这是一个持续演进、螺旋迭代的过程。从信息化，到数字化，再到智能化，是企业数字化转型的 3 个阶段，全面的智能化则是信息化与数字化的高级进阶，也是企业转型的终极目标。发展到智能化阶段的企业将会有很强的竞争力，并获取可观的收益。

1.6　数字化转型的准备：分析和拆解业务流程与价值链

价值链是哈佛大学商学院教授迈克尔·波特于 1985 年提出的概念。波特认为，"每一个企业都是在设计、生产、销售、发送和辅助其产品的过程中进行种种活动的集合体。所有这些活动可以用一个价值链来表明"。价值链的本质是企业内部运作最关键的利润链条，它能为企业带来以下 3 种价值，如图 1-5 所示。

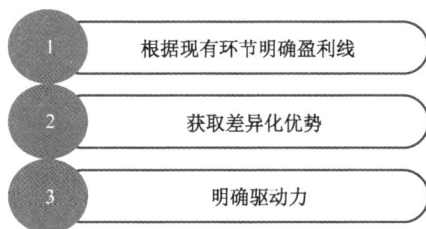

图 1-5 价值链为企业带来 3 种价值

1. 根据现有环节明确盈利线

分析价值链需要回归产品业务本身，了解从采购到销售的每一个环节，明确盈利线在哪里，据此研究是否需要进行业务优化或外部合作，以便获取最大价值效益。

2. 获取差异化优势

通过对竞品进行研究，企业能够发现自身的优势与劣势，明确自身在市场竞争中的地位，从而采取相应措施，获取差异化优势。

3. 明确驱动力

通过对市场推动力、价格决定权、主导地位占据权和服务方式等因素进行解析，企业能够找到最有效的驱动力，巩固自身在行业内的优势地位。

每个价值链包含一个或多个业务流程，业务流程组成价值链的全部或部分活动，通过协作创造价值，从而增强企业的竞争力。

例如，以价值链为指引进行土地开发，业务流程包括土地规划、土地融资、土地交易和开发招商 4 个环节，具体的步骤包括从土地所有者处收购土地、将土地出售或转让给开发商、通过宣传吸引开发商、谈判达成交易、开发商进行土地开发等。

价值链分析是对企业经营的拆解和剖析，是企业数字化转型的基础。将价值链进行分析拆解，可以帮助企业管理者对企业经营活动中的每个环节进行评估，判断是否适合（以及如何）通过数字化技术做改造赋能。同时，由价值链分析结合数字化转型形成的结论，指导业务架构、组织架构和业务流程优化再造，有助于数字化转型方案的成功落地。

总而言之，价值链是各种业务流程的核心，业务流程是价值链的分解与实施，对企业价值链和业务流程的分析拆解，是企业规划和实施数字化转型的前提准备。

1.7 基础设施：以新一代信息技术为依托

企业进行数字化转型需要基础设施，这里所说的基础设施主要是新一代信息技术，包括移动互联网、人工智能、云计算、区块链、大数据、5G、物联网和数字孪生等。

（1）移动互联网。移动互联网是移动通信技术和互联网技术融合的产物。各种各样的手机终端和应用程序百花齐放，为人们的生活提供了便利。例如，纳税人可以通过网上办税服务大厅提交资料、查询业务办理进度等，高效便捷。

（2）人工智能。人工智能是计算机科学的一个分支，目标是让计算机能够像人类一样思考、决策，甚至超越人类的智慧。例如，人脸识别技术正在完善社会基础设施的功能，如今许多地铁站都在试行人脸识别进闸机，依托这种面部生物识别技术，即使手机没电了，或者身上没有现金，人们也可以乘坐地铁，为顺利出行保驾护航。

（3）云计算。云计算是若干技术的整合，也是一种网络应用概念。"云"实际上指的是海量的计算机网络、算力、数据、软件服务等资源的有机整合，使用者可以随时、按需从"云"中获取资源和服务。例如，云计算能够让用户将教育资源储存到"云"上，解决教育资源无法共享、视频过大而本地无法保存、基础设施购置重复等问题。

（4）区块链。区块链是一种去中心化的数据存储和同步体系，具有信息不可篡改、集体维护、公开透明等特点。区块链特别适合解决数字资产的确权问题，能够显著降低交易过程中的中介成本。

（5）大数据。大数据是指数据量大到无法通过单台计算机和普通数据库处理的数据集合，有庞大的数据规模、快速的数据流转、多样化的数据类型、较低的价值密度等特征。由此发展出了一套专门处理海量数据的技术和方法论，也产生出了很多新的应用场景。例如，指纹识别技术是对大数据的成功运用。通过特殊的指纹特征识别罪犯，能有效减少犯罪事件的发生，庞大的数据库让罪犯无处可逃，更能保障市民的生命财产安全。

（6）5G。5G 是第五代通信技术的简称，具有高速率、低时延和大连接量等特点。这些特点使 5G 具有 3G、4G 所没有的独特作用。例如，5G 的大连接量能够助力智慧农业的实现，通过在农田中部署大量传感器和控制器，农民能够接收到传感器反馈的实时信息，及时了解农作物、牲畜的情况，以便于更好地养护或采取对策。5G 的高速率、低时延的特性使得其适用于自动驾驶场景，车辆在高速行驶中能够有效地被实时监控和调度，避免事故发生。

（7）物联网。物联网是互联网概念的延伸，使得人与人、人与物、物与物在任何时间、地点都能进行交互。例如，利用物联网，医生能够通过医疗设备中的传感功能了解、监测患者的生命体征，实现远程看病，解决挂号难、看病难的问题。

（8）数字孪生。数字孪生能够将现实中的物体和环境映射到虚拟世界中，可以为制造业带来许多价值。例如，企业可以在开发阶段在虚拟世界中模拟产品设计、测试产品性能，从而指导现实中的产品设计研发，改进产品性能，提高整体效率。

正是出现了移动互联网、人工智能、云计算等这样一批先进技术，让整个产业拥有了夯实的数字化基础设施，从而推动企业更好、更快地实现数字化转型。

1.8 To C 领域，数字化时代对 C 端的颠覆

商业模式可以分为 To C 模式和 To B 模式，即面向 C 端消费者的商业模式和面向 B 端企业的商业模式。C 端产品侧重于在生活场景下满足用户的个人需求，追求以最低的成本、最快的速度、最短的路径使用户达到目的。B 端侧重于在工作场景下满足企业或商家的需求，用户体量小而垂直。如今的市场旨在通过数字化提高 B 端的运营能力，以此达到降本增效的目的。数字化时代颠覆了 C 端的原因主要有以下几点，如图 1-6 所示。

B端较C端有更大的发展空间

行业发展的大势所趋

流量红利消失殆尽

图 1-6　数字化时代颠覆 C 端的原因

1. B 端较 C 端有更大的发展空间

在普遍注重 C 端数字化发展的背景下，B 端数字化能力较弱，整体处于初级发展阶段，因此 B 端发展空间大，相较于接近饱和的 C 端，人们更容易找到突破口。

2. 行业发展的大势所趋

各行各业的 B 端数字化发展程度有所不同，但总体上朝着智能化方向发展，

这样便于达成深度合作，共同构建行业新生态。

3. 流量红利消失殆尽

当前，几乎人手一部手机，移动互联网用户已趋于饱和，市场竞争愈发激烈，出现僧多粥少的局面。当流量红利消失殆尽、各类产品能够获取的用户十分有限时，企业能做的只有回归产品与服务，更深入地挖掘用户的需求，基于用户行为做出战略决策，满足用户需求，提升核心竞争力。

1.9 To B 领域，数字化解决方案频出

To B 是指将企业客户作为服务主体，以提升企业客户运营效率和收益为核心，为企业客户提供服务、产品、平台并以此谋取利益的业务模式。To B 领域的业务类型有 3 种：平台型、服务型和硬件型，如图 1-7 所示。

图 1-7 TO B 领域的 3 大业务类型

1. 平台型业务

餐饮企业的消费者群体难免受到地域范围的限制，而饿了么、美团外卖等线上平台的出现，帮助传统餐饮店吸引更大范围内的顾客，增加外送订单，利用数字化技术提高商家营收，为消费者提供更多样、更便捷的选择，实现消费者、企业、To B 平台三方共同受益。

2. 服务型业务

客户服务是众多销售服务企业业务开展的重要保障，但它存在人力成本高和

响应时间慢的弊端。一旦客服人员无法及时解决客户的问题，客户的愤怒值会直线上升，这容易对品牌声誉造成影响。网易七鱼推出的智能客服机器人，让客服人员对客户问题的回应更及时、高效。这不仅节约了人力成本，还使企业客服的工作效率提升 90%。

3. 硬件型业务

苹果公司拥有全球供应商的硬件支持，例如，三星为其提供处理器，LG、夏普等为其提供屏幕；天猫、京东、淘宝、拼多多等零售平台为苹果产品在国内的销售提供线上渠道，这大大降低了经济增长缓慢、市场竞争激烈等因素对苹果零售业务造成的影响。苹果公司效率与收益的提升，离不开生产、销售等环节中每一个 To B 企业的支持。

企业微信是当下比较热门的 To B 产品，其串联起产业链上下游的企业，在开发商、服务商和企业之间搭建起一座桥梁。同时，企业微信又将员工、消费者和供应商串联起来，使产业链上的参与者都成为互利共赢的价值共同体。

高济医疗以药店所在位置为半径建立了上万个社群，覆盖多家门店，并要求所有员工注册企业微信，以更好地服务社群成员。在社群里，高济医疗会为成员提供健康科普、线上问诊、线上购药、用药指导等服务。现在企业微信相当于成员身边的智能健康管理中心，他们可以在足不出户的情况下享受专业、优质的服务。

在数字经济蓬勃发展的大环境下，To B 领域的解决方案趋于数字化、协同化和便捷化，为企业降本增效开拓了新路径。

1.10 华为是如何追赶数字化潮流的

在市场竞争日趋激烈，各行各业发展受阻的情况下，2023 年前三个季度，华为总营收 4566 亿元，同比增长超过 2.4%，净利润率达 16%。实现了两位数的增长。成绩不菲的华为是如何追赶数字化潮流的？关键点如图 1-8 所示。

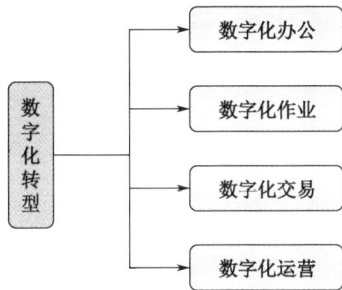

图 1-8　华为数字化转型的关键点

1. 数字化办公

华为的数字化转型从很小的改变做起。第一个实践是移动打卡。只要走进华为园区，员工就能实现线上打卡。第二个实践是远程审批，申请一经发起，领导可以随时随地审批，切实实现数字化对业务流程的赋能，体现出数字化转型带来的价值。

2. 数字化作业

数字化工具和系统提高了华为的作业效率。例如，摒弃传统的人工采集并录入数据的方式，设备安装调试完毕后，工作人员用手机拍照就能上传数据；ICT 技术的运用实现了工作自动化，多项任务可以同时进行，极大提高作业完成的效率；借助于 BOP（商业操作）平台，实现从采购到生产跨部门的信息传递与过程衔接，达成从设计到制造的全流程融合，进一步推动数字化发展，实现系统的高效运转。

3. 数字化交易

企业内部流程实现数字化后，华为对交易的处理方式是以利润为轴心，打通与之连接的全部节点，实现线上下单、线上物流、线上验收等全流程数字化。凭借高覆盖率的网络，华为能对所有交易数据进行实时收集与分析，迅速响应市场变化。

4. 数字化运营

完成数字化办公、数字化作业、数字化交易后，数字化运营便水到渠成。华为以技术驱动业务发展，再以业务牵动技术创新，实现了业务发展与技术创新的良性循环。

随着数字化转型逐渐深入，华为的业绩呈可持续的健康增长。由此可见，数字化转型是企业谋求持续发展的必经之路和突破点，能为企业的业绩增长和产业发展创造更大价值。

第 **2** 章

数字化转型核心技术

近几年，计算机技术日新月异，已经出现多种与之相关的规模化应用，如移动互联网、5G、云计算、大数据、人工智能、区块链、物联网、数字孪生等。灵活应用市场上的各种计算机技术，将其融合到数字化转型战略中，有利于提升市场竞争力，进一步加强数字化能力。

不同企业的特点和禀赋不同，各企业应该根据自身成长与发展的需要制订相应的数字化转型方案，推动数字化转型平稳落地。本章将从科普角度切入，分别介绍数字化转型技术的概念和价值，以便让读者在技术术语的理解上达成共识。

2.1 移动互联网：连接所有人的基础设施

移动互联网主要是以宽带 IP 为技术核心，同时为人们提供图像、视频和传真等多重功能的开放型电信基础网络。它将两种技术，即网络技术与移动通信技术相结合，使原本只能在固定的端口进行连接的互联网变成了随时、随地、随身都能连接的网络。

其实如果深究，移动互联网不仅是一个技术概念，更是将互联网、应用软件、手机用户和移动商业有机链接起来的一种生态融合体。从局部应用到全球普及，从 2G 到 5G，甚至马上就要进入 6G 时代，移动互联网一直在进步，并持续改变着人们的生活方式。

现代人的生活离不开手机，更离不开移动互联网。普通人的一天可能从早上起床打开手机浏览热点新闻开始；中午吃饭在手机软件上点好外卖等待送达；一天结束后还会使用手机刷短视频进行娱乐……每个人每一天都能通过移动互联网接收到海量信息，同时也会通过点击、浏览等行为产生规模庞大的数据。可以说，移动互联网通过互联互通的信息和数据将用户和移动商业连接在一起，为用户提供了更便捷高效的生活体验。

在生活方面展现出的强大连接作用让移动互联网获得了迅猛发展。工信部提供的数据显示，在我国，移动互联网用户规模在不断扩大，本地生活、网上银行和综合电商的月活跃用户净增长数也均过亿。

同时，2023 年春节假期期间，移动数据流量持续增长，5G 流量占比已经超过 40%；移动互联网用户接入流量高达 441.1 万 TB（1TB=1024GB），与 2022 年春节假期期间相比增长了 6.3%。其中，在 5G 用户规模扩大，以及超高清视频、VR、AR 等新应用的推动下，5G 用户接入流量增长势头异常迅猛，与 2022 年春节假期相比增长 103%，在移动互联网用户接入流量中占比高达 40%以上。

除了对生活产生了一定影响，移动互联网对企业的数字化转型也有非常重要的积极作用。数字化转型主要依托移动互联网发展，因为该技术能够将众多事物和工作进行数据化处理，从而帮助企业完成升级任务，使企业更好地为用户服务。

以广州汽车集团股份有限公司（以下简称广汽集团）为例，如今该企业规模进一步扩大，供货商数量逐渐增多，此时它若依然采取以前单纯依靠人工的传统经营模式，那会大大增加人工成本。而且人工计算供货商的货品数量或价格有更大的概率会出现错误。移动互联网便可以有效解决此问题。

广汽集团利用移动互联网将自己打造成为数字化企业，引进了供应商协同管理平台，将自己与供应商的沟通流程进行数字化处理，实现了人、业务、系统的三重协同，推动了供应链的整合和优化。这样员工就可以把时间花费在供应链管理上，从而提高供应链效率和收益。

用户规模不断扩大、接入流量持续增长、企业积极引入互联网设备，这些都让移动互联网市场逐渐呈现出一种饱和状态。未来几年，网民增长速度和接入流量规模将逐渐放缓，企业的关注点也从开发流量转化为流量变现。另外，企业也要充分利用移动互联网的互联互通价值，为消费者提供更优质的产品与服务。

2.2 5G：技术创新助力器

5G 是指第五代移动通信技术。在为企业提供服务的领域，5G 比 4G 具备更多优点，具体如图 2-1 所示。

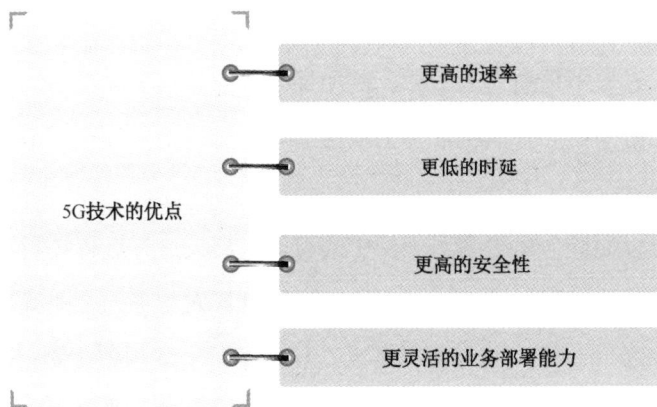

图 2-1 5G 技术的优点

随着 5G 的应用范围不断扩大，数字化转型出现了更多的可能性，很多企业都将因为它而发生变革，甚至是颠覆式创新。

爱立信为奔驰 56 号工厂提供 5G 服务，并利用 5G 变革了 56 号工厂的生产线轨道。在 56 号工厂中，等待完成制造的产品均由 AGV（Automated Guided Vehicle，自动导引运输车）承载，而且 AGV 会将产品及时引导到指定工位上，使制造产能得到了持续提升。

一些大型制造企业的工厂可能遍及全球，所以也需要优质的 5G 服务对这些工厂进行远程定位与操控，从而降低运营成本，提升工作效率。以这些工厂的维护工作为例，在数字化时代，此项工作通常由工人与智能机器人协作完成。

工厂中的每个智能机器人身上都有一个 IP 终端，这个 IP 是独一无二且不可复制的。工人会根据需要向智能机器人发布指令，而智能机器人则会根据指令进行设备的自动化维护。智能机器人在进入工厂进行维护工作时，工人无论身处何地，都可以在 5G 的作用下进行信息的接收与交换，并对智能机器人的操作过程进行实时监控。

例如，某工厂在内部覆盖了 5G，当设备出现问题时，系统会先上报给智能机器人，智能机器人拥有数据库，可以对数据库中的数据进行学习，找到合适的维修方案，整个过程不需要人为干涉。而如果出现智能机器人无法解决的情况，系统也会在第一时间指导智能机器人上报给工人。无论工人处于何地，都可以通过 5G 设备解决问题。

工人还可以通过 VR 设备对工厂中的智能机器人进行远程控制。智能机器人在受控后会到达问题现场进行修复，这时智能机器人与工人之间就是一种实时同步状态。5G 能够帮助工人与智能机器人在任何场景下处理各种繁杂的事情，如果需要多人进行合作式修复工作，5G 可以借助 VR 设备将全球各领域的专家召集在一起进行问题物体的修复。

5G 拥有较大的网络流量与较快的传输速度，可以满足海量数据交换需求。其低时延特征保证了工人的指令可以及时、迅速地传递给智能机器人，并实现多人控制模式。总之有了 5G，工人、智能机器人、原料、产品、设备都可以连接到全球所有数据库，在需要解决问题时，数据库中的数据就可以对相应的问题进行精准识别与解决，从而加速企业发展。

2.3　云计算：让业务更敏捷

云计算是一种以互联网或移动互联网为基础，按照使用量进行付费的计算模式，属于分布式计算的一种。通常企业只需要投入少量管理成本或与供应商进行一定的互动，便可以快速便捷地访问如网络、应用软件、服务计算、存储、服务器等共享资源。

通俗来说，企业可以把指令交给庞大的计算机处理程序，由它对所需信息和数据进行搜寻，然后将服务部署于分布式计算机上，由提供资源的云端技术，如互联网、移动互联网等为自己解决问题。在此过程中，企业作为使用者，要做的仅仅是按照规定付费。

根据不同的服务层次，云计算可以分为 3 类，如图 2-2 所示。

基础设施即服务（IaaS）

平台即服务（PaaS）

软件即服务（SaaS）

图 2-2　云计算的 3 种服务层次

顾名思义，这三种服务层次分别指的是企业可以从完善的计算机基础设施、软件研发平台及基于 Web 的软件上获取服务。随着 ChatGPT 这类大模型的快速普及应用，以及人工智能与云计算的融合，未来很可能还会出现 AI 即服务

（AIaaS），即企业可以从云端直接获取 AI 能力。

目前在 IaaS 和 PaaS 领域，已经出现了百度智能云、天翼云、金山云、京东云和浪潮云等一众知名度和影响力都极具优势的云服务商，其中百度智能云的云智一体模型已经出现了 AIaaS 的雏形；而在 SaaS 领域，金蝶、用友等云服务商在逐渐崛起。

根据不同的部署方式，云计算又可以分为 3 类，如图 2-3 所示。

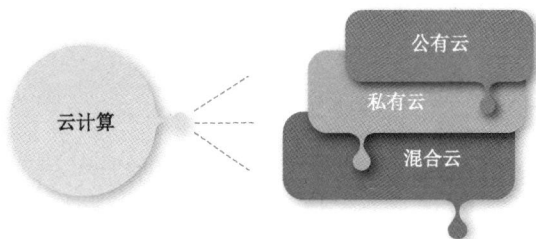

图 2-3　云计算的 3 种部署方式

公有云的基础设施所有权属于云服务商，云端资源向整个社会开放，换言之，只要符合条件，任何企业或个人都可以租赁并使用相应的云端资源，而且基础设施的运营与维护均由云服务商负责。公有云是一种低成本的部署方式，但缺点也比较明显——数据不在企业内部，而且数据的独立性与隐私性比较差。

私有云是云服务商为单一的特定用户构建基础设施，云端资源仅供该特定用户使用。使用私有云的企业可以使数据的安全性得到保障，但同时增加了部署成本。

混合云是公有云和私有云同时使用的一种部署方式。一般来说，企业可以在对数据私密性要求较高的业务上使用私有云，而在其他业务上通过网络获取公有云服务。与公有云和私有云相比，混合云部署起来更灵活，性价比也更高。

随着云计算的不断成熟与发展，越来越多的企业开始借助云计算来解决传统场景中难以解决的问题。艾媒咨询提供的数据显示，2021 年，中国云计算（IaaS+PaaS+SaaS）市场规模已经达 3229 亿元；2022 年，云计算市场规模达 4550 亿元；预计 2023 年，云计算市场规模将仍然保持较快的增长速度。

对于企业来说，云计算既能够降低成本，又可以提高业务与工作效率。所以未来在企业发展过程中，云计算将扮演越来越重要的角色。企业可以借助云计算重塑业务模式，提升互动水平，实现更快的收入增长，更显著的竞争力提升，更持久的成本降低，以及更好的管理效果。

当然，企业也可以开发协作共赢的合作伙伴，进一步提升创新和开发能力。例如，良品铺子与华为云合作，打造一体化零售平台，能够更从容地应对瞬息万变的零售市场。在华为云的助力下，即使是百万级别的订单量，良品铺子也可以轻松应对。

与此同时，华为云还为良品铺子提供 PaaS 服务，帮助良品铺子克隆业务代码，使其新品研发效率进一步提升。据良品铺子提供的数据显示，之前要想研发新品，至少需要 3 天的时间部署产品测试系统。而现在有了华为云的业务代码克隆功能，只需要大约 3 个小时的时间就可以完成系统部署工作。良品铺子也因此获得了快速响应市场需求的能力。

对于大多数企业来说，与华为云等云计算服务供应商合作是一条实现数字化转型的捷径，但这并不意味着企业可以做甩手掌柜。企业仍需要谨慎选择云计算服务供应商，确保其服务可以满足自身业务升级需求。

2.4　大数据：企业的必备优势

随着产业和技术的发展，数据规模呈现爆发式增长，目前的数据量和数据类型甚至已经"膨胀"到使用传统数据库都无法处理的程度。大数据具有海量的数据规模、快速的数据流转、多样的数据类型和价值密度低四大特征。于是，专门处理海量数据、基于分布式集群的大数据作为一项先进技术也应运而生。究其本质，大数据就是一套用于分析、处理、提取和存储复杂数据的完整的数据+软件+业务解决方案。

大数据和云计算是一对形影不离的伙伴，因为大数据软件和服务都需要部署在云计算基础设施中。大数据和云计算的关系如图 2-4 所示。

图 2-4　大数据和云计算的关系

如今，企业的经营活动会产生大量数据。企业如何更好地运用这些宝贵的数据，将成为企业的核心竞争力来源；国家如何更好地管理和运用好全民全产业的数据，将为加快数字经济、深化发展变革提供原动力。咨询机构麦肯锡提供的数据表明，近几年，全球 500 强企业在大数据方面的投入金额呈指数级上升，主要原因就是在数字化时代，利用大数据赋能业务是企业发展的核心要务，也是助力企业创新、提升产品价值的有效途径。

只有充分发挥大数据的价值，企业才能更精准地把握数字化时代的脉搏，更好地实现数字化转型。举例来说，电商行业可能是比较有代表性的借助大数据进行数字化转型的行业。电商行业的大数据应用主要有以下几个方向，如图 2-5 所示。

图 2-5　大数据在电商行业的应用

1. 大数据预测

对数据进行分析的目的是预测用户的需求。企业在获取海量数据的基础上，通过各种算法、技术和数据分析模型来进行行业热点、用户消费倾向等相关预测并做出决策，进而为用户提供更优质的服务，并做出更有吸引力的业务创新。同时，企业也可以借助数据进行选品，选择合适的营销策略进行广告投放。这些是企业提升利润、降低成本的重要方法。

2. 用户画像深入了解用户

通过对用户相关数据进行跟踪和分析，企业可以绘制用户画像，提前了解用户的思维过程和反馈意见，更深入地了解用户，并在此基础上调整产品方案。此外，数据还可以帮助企业减少投诉，在用户对产品或服务不满意前及时发现并妥善处理问题，从而减少纠纷。

3. 完善企业战略

数字化转型让很多企业都在重视各类数据，如社交媒体数据、智能手机数据、传感器数据、网站数据和搜索引擎数据等。这些数据会为企业提供更强大的洞察能力，使企业深入了解用户的习惯和行为，然后据此制订更符合用户需求和喜好的发展战略。

4．增强用户体验

用户体验对企业发展是至关重要的。有了大数据这项技术，企业可以了解用户情绪和感受，从而获得用户的信任。此外，企业可以通过优化业务流程和服务体验来节省用户的时间。举例来说，企业可以根据消费数据选择距离用户或供应商最近的仓库来分配订单，这样不仅可以降低运输与交付成本，还可以让用户以更快的速度收货，从而获得更优质的体验。

5．自动调节定价

大数据时代，价格是动态的。企业如果安排人员去人为调整价格，是一种人才、财力的浪费，因为自动定价机制就可以发挥作用。以亚马逊为例，它不仅是一家零售公司，更是一家大数据公司。为了吸引用户的注意力，同时也为了超越竞争对手，亚马逊的智能调价系统曾经将一本书的价格调整数十次。这些价格都是由系统根据用户搜索数据和消费数据自动制订和调整的。

有了大数据这项技术，就相当于有了分析数据的条件和基础，再融合现在越来越成熟的移动互联网、人工智能等技术，企业可以通过数据分析找到自身存在的优劣之处，然后基于数据分析结果，辅以一些确定性因素，了解自身发展情况，更好地应对不确定性。

2.5 人工智能：降本增效的法宝

人工智能隶属于计算机科学下面的一个分支，目标是制造出一种能像人类一样思考、决策，甚至超越人类智能的系统。人工智能早在 1956 年便被提出，几十年来虽然获得了长足发展，但一直不温不火。直到大数据和深度学习的兴起，计算机突然变得"聪明"起来，人工智能逐渐得到更广泛的应用。特别是 2016 年，AlphaGo 击败人类围棋选手李世石后，该技术越来越被大众所关注并熟知，至今成为下至人民，上至国家都关心的话题。

提到人工智能，就会涉及很多新名词，如机器学习、深度学习、神经网络等。这些名词经常令人晕头转向，其实只要了解它们之间的关系，整个脉络就会清晰很多，如图 2-6 所示。

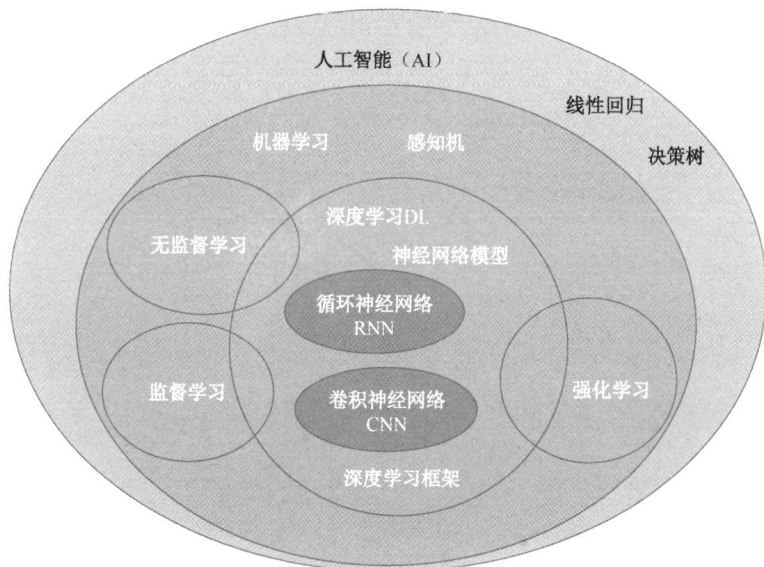

图 2-6　人工智能与新名词的关系脉络

由图 2-6 可知，人工智能是一个非常宽泛的概念，所有可以代替脑力的产品都可以归属于人工智能的范畴，例如，生活中十分常见的计算器就是一款优秀的人工智能产品。

机器学习是人工智能的子领域，旨在让计算机学会学习，模拟人类的学习行为，建立学习能力。机器学习最基本的做法是使用算法模型分析海量数据，从中找出规律，用学习出来的模型对真实事件做出决策和预测。算法、模型等概念看似神秘，其实通俗来讲就是经验。就像人一样，经过多次尝试后获得经验，便可以对未来类似的事做出更准确的判断。

深度学习也是机器学习的子领域，也是迄今为止人们在各种机器学习方法中找到的最有效、最逼近智能的方法。作为人工智能的顶流，深度学习目前还处于快速发展中，模型及数据规模越来越大，与之相关的各种算法模型日新月异，各种工程框架和优化方法更是层出不穷。

从算法方面来说，深度学习的核心是神经网络模型和 BP（反向传播）算法；从框架方面来说，深度学习主要分为卷积神经网络（CNN）、循环神经网络（RNN）等；从产业应用方面来说，深度学习主要解决三类业务场景的应用，分别是计算机视觉、语音处理和自然语言处理，如图 2-7 所示。

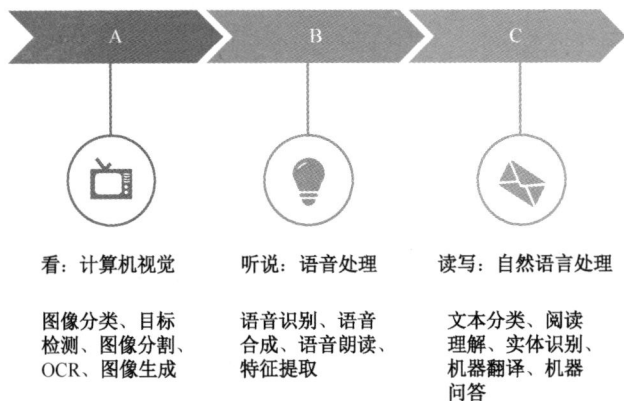

看：计算机视觉	听说：语音处理	读写：自然语言处理
图像分类、目标检测、图像分割、OCR、图像生成	语音识别、语音合成、语音朗读、特征提取	文本分类、阅读理解、实体识别、机器翻译、机器问答

图 2-7　深度学习的业务场景应用

如今，人工智能已经被广泛应用在各大业务场景，包括工业生产场景、物流场景、家居场景和客服场景等。它的出现为企业降低了人力成本，提高了生产效率。例如，中国石油化工股份有限公司（以下简称中国石化）的巡检工作环境中存在大量易燃的石油，工作人员很容易在巡检过程中遭遇危险。同时由于工作人员的工作能力限制，巡检质量无法得到保障。为解决这一问题，防爆巡检机器人应运而生。

防爆巡检机器人的本质是一个数据采集端，它在现场确定清楚被巡检的设备，就能自动在机器内部规划好巡检的最优路径并开始进行巡检工作。同时，防爆巡检机器人会将采集到的信息自动上传至云端，方便工作人员实时监控巡检情况。

对于中国石化来说，防爆巡检机器人的诞生降低了工作人员的死亡率，更好地保障了工作人员的安全。

人工智能通过数年的技术沉淀和行业积累，迎来了快速发展时期。企业开展数字化转型，所需的其中一项技术便是人工智能，它是新时代下的重要生产力，为企业探索出巨大的商业潜力。同时它也通过技术创新帮助企业实现了降本增效，是企业提高收益的重要法宝。

2.6　区块链：信息保护伞

此前，区块（block）和链（chain）是两个不同的概念，后来随着两者涉及的方面越来越重合，便逐渐被整合成一个专业术语——区块链（Blockchain）。

区块链的定义有狭义和广义之分。从狭义角度来讲，区块链是一个去中心化账本，它可以按照时间顺序将区块相连，组合成一种链式数据结构，然后通过密码学原理保证记录在上面的数据是不可篡改和伪造的；而从广义角度来讲，区块链其实是一种分布式基础架构与计算方式，主要作用是保证数据访问与传输安全。

区块链起源于比特币，有全程留痕、公开透明、可追溯和集体维护等特征，可以解决信息不对称问题，实现多个主体之间的高效协作。近年来，专家和企业对比特币的态度莫衷一是，但区块链作为一项能推动数字化转型进程的技术获得了广泛关注。

区块链的应用范围十分广泛。目前在数字人民币、身份验证、文件存储、证券交易、智能合约和 NFT（Non-Fungible Token，非同质化通证）等领域都能见到区块链的身影。以数字人民币为例，区块链让数字人民币具备了可追溯性。详细地说，区块链有强大的记录功能，就像一个可以随身携带的录像机，在防伪、定位、导航等方面为数字人民币提供了强大的技术支持。而且数字人民币不怕假币，不怕丢失，可以更好地保障人们的财产安全。

鉴于区块链的强大作用和广泛应用，很多企业都将区块链纳入数字化转型方案。例如，美国知名零售巨头沃尔玛为了保证食品安全，与 IBM 合作推出了区块链超级账本项目。该项目利用区块链记录食品信息，包括食品的来源、生产批次等，这些信息会储存在区块链的数据库中。这样沃尔玛就可以实现从产品生产到销售的全流程溯源，在出现食品安全问题时对相关环节的责任人进行精准问责与追责，并立即追回问题食品。

除了沃尔玛，京东也利用区块链进行数字化转型，希望谋求新的突破与发展。京东开发了区块链防伪溯源平台，对线上及线下的产品进行追溯与防伪，以此来保护消费者权益。消费者只需要在订单中单击"一键溯源"或扫描产品上的二维码，就可以获取产品信息。

举例来说，消费者在京东购买了肉制品，可以通过包装上的溯源码查询肉制品来自哪个养殖场，以及动物品种、喂养饲料、产地检疫证号、加工企业等信息。换言之，有了区块链防伪溯源平台，非法交易和欺诈造假等行为都将无处遁形，这有利于京东打造品质购物生态。

以沃尔玛为代表的零售企业和以京东为代表的电商企业都感知到了区块链的重要性，也最大化地榨取了区块链在数字化转型过程中的价值。其实，银行、保险机构、教育机构、慈善机构、文娱企业等都适合引入区块链，以此来充分保证关键信息和数据的安全性。

2.7 物联网：各环节协同作战

物联网是一项通过信息传感设备捕捉光、热、声、事件等真实世界中的信号，使得真实世界中的事物与互联网或移动互联网连接起来的先进技术。

这项万物相连的技术，是在传统互联网的基础上扩展与延伸而来的，可以实现任何时间、任何地点，人、物、设备的互联互通，使它们之间能进行信息交换与共享。

物联网作为新一代技术，有渗透性强、综合效益好等特点。随着数字化时代的发展，物联网应用体系也逐渐丰富，包括物联网感知制造业、物联网通信业和物联网服务业等。同时，物联网也有利于促进企业朝着精细化与智能化的方向发展，可以推动企业引进新技术、开发新产品、探索新模式，帮助企业尽快实现数字化转型，为企业带来更有价值的经济增长点。

从长远来看，随着传感器的不断发展，真实世界的全息信号能够被捕捉并信息化，物联网将成为一种新常态，能打通真实时空与数字时空的隔阂。特别是物联网与人工智能融合形成 AIoT 技术，已在物流、农业、工业、公共服务等领域落地，并引导这些领域主动进行智能化与自动化升级。以蒙牛为例，它借助物联网、人工智能等技术打造了极具科技感的自动化物流体系，受到了业界的广泛关注。

蒙牛的物流体系主要应用于常温液态奶的生产、储存及运输，通常由融合了物联网的计算机统一进行自动化管理，可以实现从产品生产到货物装车的全程无人化作业。该物流体系主要由以下四个部分组成，如图 2-8 所示。

A　成品自动化立体库　　　　　B　内包材料自动化立体库

C　辅料自动运输系统　　　　　D　计算机监控和管理系统

图 2-8　蒙牛的自动化物流体系

（1）成品自动化立体库。成品自动化立体库主要用于产品封箱后的环节，如装车前的出库区运输、成品存储与出库操作，以及空托盘存储等。在成品自动化立体库中，提升机、机器人自动码盘系统、环形穿梭车、高位货架及单伸堆垛机等设备应有尽有。

（2）内包材料自动化立体库。内包材料自动化立体库负责将内包材料送到入库运输线上，主要设备包括驶入式货架系统、单伸堆垛机以及出库机器人自动搬运系统（AGV 系统）。其中，AGV 系统可以自动把内包材料送到无菌灌装机指定位置，并将空托盘送回去。

（3）辅料自动运输系统。员工将辅料放到自动搬运悬挂车后，由辅料自动运输系统准确地将辅料送到指定位置。

（4）计算机监控和管理系统。有了计算机监控和管理系统，已经生产出来的成品可以实现自动化入库，内包材料及辅料也可以由智能设备自动控制。

2.8 数字孪生：实现精准化生产

在企业进行数字化转型的过程中，数字孪生将发挥关键作用。什么是数字孪生？数字孪生是一种将现实世界镜像化到虚拟世界的技术，即为现实世界中的物体创造一个数字孪生体。同时，现实物体与数字孪生体之间是相互影响、相互促进的。简而言之，数字孪生就是创造一个还原现实世界的虚拟场景，支持人们进行各种尝试并得到结果。现实空间、感知系统与数字空间之间的关系，如图 2-9 所示。

图 2-9　现实空间、感知系统与数字空间的关系

目前在国民经济中，制造领域占据着非常重要的地位。政府提供的数据显示，

2021 年，我国制造领域的增加值为 31.4 万亿元，比 2020 年增长 1.1%，占国内生产总值的 27.4%。因此，当数字化时代来临时，制造领域是一定要和数字孪生等技术融合在一起的。

现在数字孪生也确实已经从概念走到了实践。企业可以收集关键数据，将其应用到虚拟模型中。通过这种模拟，企业能够尽快明确产品上市流程、测试相关功能，从而提升产品研发和生产的效率。例如，通用电气就借助数字孪生技术，让每个机械零部件都有数字孪生体，并借助数字化模型实现产品在虚拟环境下的调试、优化等，从而节省了相关成本。

在产品设计方面，企业还可以借助数字孪生将设计搬进虚拟场景，帮助设计师解决设计问题，进一步优化设计流程、提升设计效率、降低设计成本。有了基于数字孪生的虚拟场景，设计师就可以对各种零件的作用方式进行更精准的设计和模拟。这样有利于设计师检验产品的质量和性能。此外，数字孪生也可以打破地域限制，让身处异地的设计师实现远程协作。

用户甚至可以在虚拟场景中参与设计，亲自体验设计师设计的产品。这样可以让产品更贴近用户的需求，也能够更大限度地提升用户的使用体验。而且，设计师还可以从用户的建议和意见中获得灵感，设计出更新奇、有竞争力的产品。

在虚拟场景中，设计师不再受到材料方面的限制，可以随心所欲地改变衣服、鞋子甚至汽车等产品的设计。而且因为在虚拟场景中，改变设计将不需要额外的生产过程，也不会造成材料的浪费，这就意味着设计师可以对产品进行多次设计，让产品变得可持续迭代。

以鞋子为例，设计师可以设计一款在现实场景中看起来很个性甚至有些古怪的鞋子。当设计师觉得鞋子的设计不好想重新对其进行设计时，那就可以在原有鞋子的基础上对其材料、图案、样式等进行调整，最终设计出一双全新的鞋子。

制造领域可能是最早应用数字孪生方案的领域之一，之后随着数字孪生的不断发展，其应用逐渐扩展到智慧城市、智慧医疗、数字化金融等更多领域，通过在虚拟世界中投射现实世界，并对数据进行智能分析，可以实现业务的自动化与智能化管理。

企业在应用数字孪生方案时，有以下两点需要注意。

第一，数字孪生面对的并不是静止的对象，形成的也并不是单向的过程，其面对的是具有生命周期的对象，形成的是动态的演进过程。因此，数字孪生应用在各大场景中时，其生成的不仅有拟真三维模型，还包括各大场景在运行过程中基于各种变动数据的动态时空演绎。准确地说，数字孪生并不是形成一个单一的虚拟场景，而是体现了一个数字孪生的时空。

第二，数字孪生不仅重视对海量数据的表现，也重视拟真模拟背后的数据分析。数字孪生呈现的是一个动态的过程，这意味着其需要对海量数据进行分析。在此基础上，数字孪生不仅能够根据当前数据搭建起相应的虚拟场景，还能够根据数据的变化，模拟出相应场景的变化。仍旧以数字孪生在制造领域的应用为例，数字孪生不仅能够模拟出产品的当前状态，还能够借助各种数据，展现出产品可能存在的不同的迭代路径。

总之，数字孪生可以实现数字空间的打造，诸多场景都可以复刻到这个数字空间中。借助各种数字模型，企业可以进行多方面的推演与预测，进而做出更科学的决策。

2.9 特斯拉：打造技术型超级工厂

根据特斯拉（Tesla）的官方数据，2022 年，位于上海的特斯拉数字化超级工厂年交付量已经超过 71 万辆，比 2021 年增长了 48%。超级工厂作为特斯拉的核心生产基地，自成立以来就获得广泛关注，其惊人的交付成绩更是引发热议。当然，这也从侧面证明，作为电动汽车领域的佼佼者，特斯拉在数字化转型方面取得了亮眼的成绩，让其他车企倍感压力。

为了实现数字化转型，进一步提升生产效率，特斯拉引入了大量现代化技术和智能设备，对超级工厂进行了创新升级，具体可以从以下方面入手分析，如图 2-10 所示。

建立数字神经网

借助技术对产品进行严格的质量管控

图 2-10   超级工厂的创新升级关键点

1. 建立数字神经网

技术是数字化转型的必备工具，通过技术对人、机、物进行全方位互联，打造全要素、全产业链和全价值链的新型生产体系，能够有效变革制造模式。特斯拉便为超级工厂引入了人工智能、物联网和数字孪生等多项技术，有利于其尽快实现数字化转型。

置身于超级工厂，就犹如置身于科幻电影，好像一切工作都可以由机器来完成，如图 2-11 所示。

在超级工厂中，特斯拉推出了基于人工智能、大数据等技术的生产制造控制系统（MOS），该系统有人机交互、智能识别及追溯等功能，可以深度应用到电池车间和电机车间中。

除了 MOS，高速率、低时延的 5G 覆盖了超级工厂的各个角落，为生产设备、智能设备提供网络连接、生产数据采集、智能化决策等服务。特斯拉借助 5G 实现了生产过程的标准化，提高了生产效率。另外，特斯拉还将 5G 与其自主研发

的大数据系统连接在一起，使系统可以及时追踪每辆汽车、每个零件和设备的生
产数据，从而更好地消除生产误差。

图 2-11　特斯拉的超级工厂

2. 借助技术对产品进行严格的质量管控

特斯拉为超级工厂制订了产品全生命周期质量管控方案。所谓全生命周期，
通常是从供应商筛选到零部件检验，再到生产过程，最后到用户使用产品。超级
工厂会按照这个生命周期对每一个产品进行质量管控，为用户打造出真正安全、
质量高、速度稳定的汽车。

特斯拉的全生命周期质量管控方案由以下几个部分共同支撑。

（1）人工智能、大数据在精准化生产方面发挥了关键作用。前面说过，融合
了人工智能、大数据等技术的 MOS 系统有自动追溯功能，该功能可以对关键工
位的数据进行记录，帮助工人在追溯生产过程时随时随地对这些数据进行查询和
分析。

（2）大数据、物联网、区块链等技术帮助超级工厂进行全方位数据采集，并
对产品的生产过程进行监控和追溯。此外，超级工厂还可以借助这些技术采集零
件尺寸检测数据，并对这些数据进行自动化分析，从而更精准地预测尺寸偏差，

使产品的每一个细节都得到保证。

（3）特斯拉为超级工厂安排了严格的质量检测环节，同时引进融合了人工智能、大数据、物联网及 5G 等技术的智能检测设备。该设备可以实现产品的全方位自动检测，保证各项功能都是正常的，同时也会对电池、电机等关键零件进行检测，保证这些零件的各项数据都符合标准。更重要的是，所有检测数据都会上传到特斯拉的数据库中，供工人随时查询。

当产品经过层层检测顺利出厂后，移动互联网、人工智能、大数据、物联网等技术继续发挥作用。由这些技术融合而成的售后质量管理系统闪亮登场，该系统贯穿物流运输、交车前查验、交付后用户使用等多个环节，以自动化、智能化的管理模式保证产品的质量。在这种抽丝剥茧般的质量管理过程中，特斯拉实现了数字化检测和自动化数据分析等工作，用户也感受到了特斯拉对质量的高追求，在使用其产品时能更有底气和安全感。

数字化技术为超级工厂的创新升级提供了有力支撑，特斯拉将技术与实践操作合理地融合在一起，实现了产量与质量的双重优化，始终在行业中占据领先地位。

第 3 章

数字化能力建设

技术是一种所有企业都可以利用的工具，懂得如何利用技术的企业会将技术转化为自己的数字化能力。通过数字化能力实现数字化转型的企业，可以与没有实现转型的企业在各方面拉开差距，从而形成降维竞争。那么，如何进行数字化能力建设？怎样实现数字化转型？这些问题便成为每家企业都要面临和亟待解决的问题。本章将从方法论角度为读者提供一些新思路。

3.1 数字化能力：企业的关键竞争力

未来将是一个由数字化事物构成的世界，这是麻省理工教授尼葛洛庞帝在《数字化生存》中提出的观点。换言之，企业进行数字化转型就是在顺应时代潮流，同时也是使自己摆脱生存困境，找到新发展方向，延长生命周期的有效途径。

在此发展趋势下，数字化能力就成为企业综合实力的试金石，而众多实践经验也证明，无论哪种企业，只有具备数字化能力，才能打造可持续的竞争优势。

建设数字化能力的重点有两个：一是业务的数字化；二是组织的数字化。不同企业建设数字化能力的方法、路径不同，这和企业的基因、禀赋、资源等因素息息相关。

虽然数字化能力建设没有一个放之四海皆准的操作清单，但有一点可以明确，那就是数字化能力建设其实就是在贯彻企业一把手对数字化能力的认知。一把手对数字化能力开始重视，是企业进行数字化转型的起点；一把手对数字化能力的理解程度，直接决定数字化转型的结果是好是坏。所以，企业在进行数字化能力建设时，要么由一把手亲自推动，要么让一把手的思维模式直接影响关键执行人。

身处数字化时代，一把手既要了解数字化能力的价值，也要了解数字化能力的终极目标。

从价值层面来说，数字化能力可以在以下几个方面助力企业不断成长与进步，如图 3-1 所示。

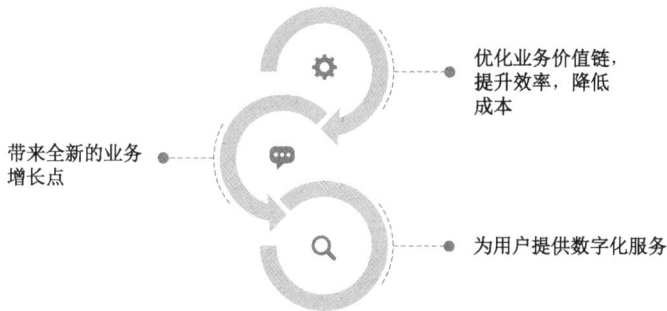

图 3-1　数字化能力对企业价值层面的积极影响

1. 优化业务价值链，提升效率，降低成本

在传统企业中，业务往往由管理者直接管理和控制，这很可能会引发货权分配问题，影响员工的工作效率。具备数字化能力的企业便可以将产品的加工、营销、交易等一系列业务环节通过人工智能、物联网等技术进行连接，实现效率提升，并节省一大笔业务成本。

2. 为用户提供数字化服务

大数据、人工智能、云计算等技术的产生极大提升了数据的时效性，使传统服务模式发生了翻天覆地的变化。如今，人们可以利用这些技术实现用户分类，将产品数据和优惠活动精准地投放给有需求的用户，用户也可以自行登录系统查询相关信息。

可以说，数字化能力帮助企业打破时间和空间的界限，为用户提供更舒适、更便捷的数字化服务，最大限度地降低运营成本，形成庞大的经济效益。例如，海尔以优质服务闻名，其数字化建设也是从服务开始的，始终围绕着用户体验为用户提供数字化服务。

为了持续提升数字化能力，海尔打造了 U+智联平台，实现了包括用户沟通、费用结算、售后问题分析、用户评价在内的服务全流程数字化管理，获得了用户的支持和信任。另外海尔还推出自研 U+智慧生活 App，将之前的被动维修变成主动为用户服务，实现了用户的无忧消费。

3. 带来全新的业务增长点

企业修炼数字化能力的一个关键目的是挖掘全新的业务增长点。那全新的业务增长点在哪里呢？这个问题可以从两个方面来解答。

第一，企业可以从用户角度出发，在原有的业务中寻找增量，挖掘更多潜在用户，逐渐扩大产品的市场覆盖率。例如，在电商领域竞争异常激烈的时代，拼多多强势崛起，依靠的就是从该领域中发现了蓝海市场，并找到了大量潜在客户，实现了稳定、高速的业务增长。而有些企业直接脱离国内市场，转而进攻国际市场，这样也可以找到业务增长点。

第二，发现全新的业务模式。为了获得数字化能力，有些企业会从根本上放弃原有的业务模式。例如，贸易企业转型开展互联网平台业务，从交易差价模式变成服务付费模式；传统房屋中介服务商转型为房屋交易平台服务商，实现了对整个价值链的盈利分配。这样会使业务范围得到极大扩展，企业的效益也会越来越好。

从目标层面来说，将数字化能力升级为智能化能力是企业的终极目标，见表 3-1。

表 3-1　从数字化能力到智能化能力

	传统企业的能力	数字化能力	智能化能力
特点	流程与效率	敏捷与协作	学习与进化
业务需求	效率提升，业务自然增长	融合创新，效益出现化学反应	创新，探索新业务
推动要素	以流程为主线 以市场资源为助力	以连接为前提 以数据为推动力	以数据为基础 以人工智能为引擎
应用形式	业务流程	流程+数据	流程+数据+智能
决策能力	依赖人决策	辅助人决策	人机共生

（1）传统企业的能力。传统企业关注流程和效率，认为只要效率提高，业务自然就可以增长。它们往往会将工作重心放在优化流程方面，也会引进系统做一些比较简单基础的工作，目的是将这些工作连接起来。在决策方面，它们还处于由人做决策的阶段。

（2）数字化能力。具备数字化能力的企业会更关注敏捷与协作，希望通过融合创新，各业务板块、各资源出现化学反应，实现规模和效益倍增。它们会采集和分析数据，将数据作为促进发展的重要"武器"，并将数据应用到产品研发与生产、营销、售后等环节，将用户与产品、品牌紧密地连接在一起。另外，数据也会辅助它们做一些决策，以便使决策更精准。

（3）智能化能力。智能化能力是数字化能力的升级版。具备这个能力的企业，具有强大的学习进化能力，使得企业更容易创新和探索新的业务边界。数据和人工智能是智能化能力的两大推动要素，当然，移动互联网、云计算、区块链、数字孪生等技术也必不可少。在各项技术的助力下，企业的生产和决策是一个人机共生的形态。在生产方面，员工不便执行的工作可以由机器执行，员工对机器执行情况的监督管理形成的数据又能优化企业业务流程；在决策方面，机器可以辅助企业管理者评估经营形势，提出决策建议，管理者每一次实际的决策过程又会对机器的数据模型进行调教训练，使模型越发完善。

综上所述，企业可以根据自身业务特点，了解自己面临的困境和问题，以此为基础制订科学、适合自己的战略，从而最大限度地发挥数字化能力的价值。同时，企业要将修炼智能化能力作为终极目标，只有目标足够明确，才可以更好地应对市场的不确定性，从而做出正确的决策，最终取得转型成功。

3.2 测试数字化 MAX 成熟度

许多企业认为在业务和管理中引入人工智能、数字中台、智能设备等数字化工具就可以提升自己的数字化能力，但实际上，企业是否引入了数字化工具并不能代表其数字化能力的高低。数据在数字化转型过程中发挥的作用与价值才是衡量数字化能力的关键标准。

企业可以通过专业的数字化 MAX 成熟度模型对自己的数字化能力进行衡量，从而决定自己是否应该进行数字化转型，并制订适合自己的数字化转型战略。数字化MAX成熟度模型根据数据使用情况的不同将企业分为 6 个级别，见表 3-2。

表 3-2　数字化 MAX 成熟度模型

成熟度级别	数字化现状	详细发展情况
第 0 级	未使用数据	依赖决策层思考的想法
		决策层数据意识缺乏
		没有数据分析工具
第 1 级	零散使用数据	无法处理大规模的数据
		使用数据的频率低
		使用数据的范围分散
		收集到的数据简单
		数据常用于统计报表

续表

成熟度级别	数字化现状	详细发展情况
第 2 级	技术中心辅助决策	具有一些数据思维
		采购数据分析工具
		技术部门主要使用
		数据分析周期长
		分析结果无法实时响应
第 3 级	技术中心系统化运营	配备技术部门
		数据应用程序复杂、烦琐
		技术疲于应付简单的需求
		捕获商业机会的能力较低
第 4 级	业务中心数据化运营	业务人员自主完成数据需求
		数据分析方式单一
		业务部门和技术部门协同作战能力提升
		解放了人力、物力等成本
		数据资产业务化
		商业机会捕获能力强
第 5 级	数据竞争力形成	商业模式得到创新
		数据形成
		加强了数字应用的深度
		拥有数据应用和实践经验
		数据决策与人为决策配合
		拥有完备的数据人才培养体系
		数据、模型、应用资产沉淀深厚

1. 第 0 级

第 0 级企业既没有引入数字化工具，也没有将数据应用于日常运营工作中。这类企业完全没有认识到数据的重要性，通常由管理者根据过往的运营经验直接制订并下达决策。

2. 第 1 级

第 1 级企业即使用 Excel 进行数据存储和分析的企业。这类企业进行数据分析的频率较低，处理的数据少且零散，由此得到的分析结果也相对片面，无法为上层决策提供支持和帮助，也无法为企业的数据体系提供相应的支撑。

3. 第2级

第2级企业已经建立起专业的数据分析部门。这类企业会使用 BI（商业智能）分析工具帮助管理者进行决策，其采取的数据分析方法也更具规模、更成体系。需要注意的是，BI 分析工具有一定的技术门槛，通常只适用于技术部门，无法全面覆盖企业的各项业务，也很难实时响应业务人员的需求，从而影响企业的运营效率。

4. 第3级

第3级企业可以系统地使用数据，也可以借助数据分析结果支撑业务升级。这类企业已经搭建了比较完善的数据分析体系，组建起专业的数据分析团队，可以解决一些企业共通的数据问题。但由于其数据化运营成本过高，因此要想实现全面数据化运营的难度较大。

当数字化能力达到第3级时，企业需要处理的数据不断增多，此时对数据进行管理就显得格外重要。数据的整合、维护等环节需要多个部门配合完成，其运作逻辑如图 3-2 所示。

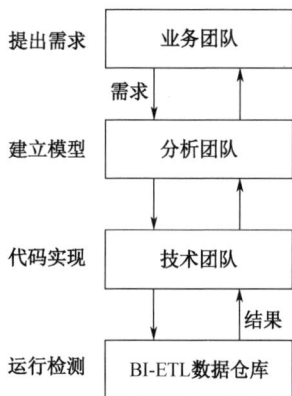

图 3-2　数据支撑业务的运作逻辑

不难发现，在这个过程中，业务人员只需提出业务需求，而模型建立、代码实现和运行检验的过程都需要由技术人员完成，这会严重损耗技术人员的精力，影响产品研发效率。同时，由于数据分析结果并未应用到企业的核心业务中，这也会对企业的数字化转型过程产生阻碍。

5. 第 4 级

第 4 级企业可以围绕核心业务进行运营，能够利用数据为业务赋能。这类企业通过将自身数据资产进行沉淀，实现了数据的良性循环，构建了比较完善的数据中台。业务人员可以利用数据中台自主完成大多数业务，如图 3-3 所示。

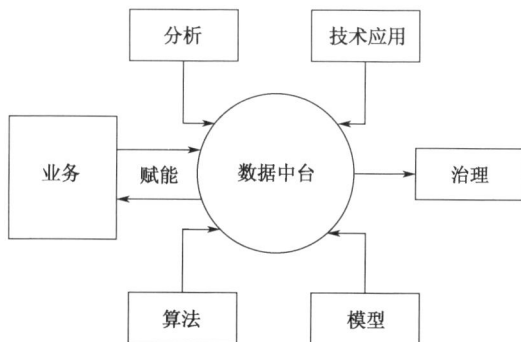

图 3-3　数据赋能业务的运作逻辑

数据中台的构建还推动了企业内部的数据、模型、算法等资料的共享，极大地提升了数据的传递效率，使每个部门都可以随时调用自己需要的数据。业务人员可以直接将数据上传至 BI 分析工具并获得分析结果，极大地减轻了技术人员的工作压力，使他们将精力集中在对数据资产的梳理上，从而挖掘更多盈利增长点，加快企业的数字化转型速度。

6. 第 5 级

第 5 级企业能够利用数据实现业务的创新与变革。这类企业已经实现了数据资产的沉淀，将内外部数据链打通，并据此制订先进、完善的数据战略，利用数据驱动业务发展。当企业发展到第 5 级时，便能够将自主研发的算法、模型、程序等转化为有价值的数据资产，形成独有的数据生态，使每位员工都可以快速获取相关数据。同时，企业的数据运营思维、数据人才培训体系也趋于完善，数字化能力进一步提升。

企业可以根据数字化 MAX 成熟度模型判断自己的数字化能力，了解自己在数字化转型方面存在哪些优势和劣势，明确数字化转型的重点和难点，制订最科学的数字化转型方案。

3.3 从 4 个维度衡量数字化能力

著名管理学家彼得·德鲁克（Peter F.Drucker）说过："你如果无法衡量它，那就无法管理它。"这里的"它"可以指代企业的数字化能力。企业只有了解自己的数字化能力，才可以明确数字化转型过程中的重点和难点，从而保证实现数字化转型的顺利推进。

那么，企业应该如何衡量自己的数字化能力呢？可以参考以下几个维度，如图 3-4 所示。

图 3-4　衡量数字化能力的维度

1. 战略

在战略维度，企业应该对数字化转型有清晰的认知和充分的思考，自上而下地形成数字化愿景，明确实现数字化转型的关键推动力，并根据数字化目标制订相应的战略。

要衡量企业在战略维度的数字化能力，可以从以下三个方面着手。

（1）战略规划。在战略规划方面，具备数字化能力的企业通常已经建立了清晰的数字化愿景和目标，并以此为基础制订了数字化转型战略，包括重点业务如何安排，选择什么样的方法进行数字化转型，以及如何设计数字化转型路线图等。

（2）技术与创新管理。想进行数字化转型的企业要培养用技术推动发展的数字化意识，引进技术，将技术与业务融合形成创新成果，牢牢抓住数字化时代的商机。

（3）资源配置与投入。数字化能力与资源体系息息相关，企业要对有利于推动数字化转型进程的资源进行合理配置，并投入成本引进新资源，以迎合市场定位的转变和数字化转型方案的调整。这样企业才可以将资源集中起来，大力开展数字化转型工作。

2. 组织

企业要协调内外部关系，调动各级员工的主观能动性，为实现数字化转型提供强大保障。

要衡量企业在组织维度的数字化能力，可以从以下三个方面着手。

（1）组织架构规划。具备数字化能力的企业会建立与战略相符的灵活且有弹性的组织架构，以及敏捷的管理与响应体系。

（2）变革管理。很多数字化能力比较强的企业借助变革机制和创新理念，激发员工的活力和积极性，为员工持续学习提供推动力。

（3）数字人才与文化。数字人才是数字化转型顺利落地的保障，企业应该建立能满足数字化转型需求的数字人才团队，营造良好的文化氛围，鼓励员工投身于数字化转型工作。

3. 运营

运营同样是衡量数字化能力的一个维度。企业要借助技术提升运营效率，实施精细化管理，进一步优化员工的工作体验，以达到降本增效、随时应对外部环境变化的目的。

要衡量企业在运营维度的数字化能力，可以从以下四个方面着手。

（1）无界沟通与知识服务。企业若有数字化转型能力，通常会引进共享协作机制与平台，对知识资产进行全闭环管理，以提升知识应用和运营决策能力。

（2）流程自动化。数据沉淀可以推动流程自动化升级，帮助企业以智能化的方式实现重构及运营效率提升。因此，衡量企业是否有数字化能力，可以分析其数据沉淀情况。

（3）模型化风险预测。数字化能力强的企业会引进智能模型，对风险进行前瞻性预测，而不再像之前那样只能被动地处理和应对风险。

（4）精细化管理。精细化管理要求企业建立运营资源配置机制，实现运营自主优化。可以说，具备数字化能力的企业往往都可以做好精细化管理。

4. 业务

业务维度的数字化能力对于企业来说非常重要。企业要借助智能化手段和人工智能、大数据、云计算等技术，结合业务场景，实现业务价值的提升。在数字化时代，企业还应该建立敏捷的业务反馈机制，引进人机协同、极限理性的新型业务模式。

要衡量企业在业务维度的数字化能力，可以从以下五个方面着手。

（1）产品与服务创新。衡量企业的数字化能力如何，可以看该企业有没有为用户提供价值高、差异化强的产品与服务，以及该企业是否基于市场洞察和技术迭代实现了创新发展。

（2）个性化营销。企业要以用户为核心，引进智能算法等技术实现对用户的个性化与精准化推荐，这样有利于企业更近距离地触达更多用户。

（3）交互式用户体验。数字化能力强意味着企业可以为用户提供无缝交互的全生命周期旅程体验，以此提升用户的参与度、满意度和忠诚度。

（4）自动化洞察与决策。人工智能、大数据等技术赋予了企业一定的数字化能力。企业要借助这些技术深入消费场景，以"人机协同"的决策方式加强决策的前瞻性和科学性。

（5）业务在线与闭环。已经实现了全产业链布局的企业往往有比较强的数字化能力。此类企业可以快速开发业务应用，其业务重塑与优化能力也会不断提升。

数字化转型是一个逐渐深入的动态过程。在此过程中，企业要及时评估自己的数字化能力，确保这个能力可以支撑数字化转型的顺利落地。根据本节内容，企业可以将战略、组织、运营和业务作为衡量标准，并以此为基础全面提升数字化转型水平。

3.4　提升数字化能力的 4 个重点

从战略、组织、运营和业务等维度衡量企业的数字化能力后，接下来就需要根据这四个维度有针对性地进行数字化能力提升。

1. 战略维度的数字化能力提升

（1）要提升战略维度的数字化能力，企业应该在规划好数字化愿景和目标的同时，设计协调一致、考虑周全的数字化转型路线图，然后深入研究和分析该路线图的实施可行性，并在必要时对其进行纠偏和优化。

（2）自上而下地对数字化意识形成共同认知，是企业提升数字化能力的重要手段。另外，企业要保证自己的技术水平与业务实际需求和场景需求相符，制订相应的技术战略及应用迭代路线图，同时还要准确地识别创新机会，鼓励所有利益相关者参与到创新过程中，不断加大在创新方面的投入，深化创新机制改革，建立以用户为中心的新型创新机制。

（3）如果企业对数字化能力有非常高的追求，那就应该做好财务预算，优化成本结构，根据当下发展阶段采取全新的盈利模式，并进一步完善资源体系。这样有利于企业实现效益增长，尽早实现数字化愿景和目标。

2. 组织维度的数字化能力提升

（1）那些数字化能力强的企业通常会打造一体化敏捷机制，不断升级组织力。同时，它们也会实施可延展并有效的协调管理体系，并根据内外部发展形势调整组织形态。

（2）可迭代的工作方法、形成了开放性思维习惯的员工、完善的自动化变革评估机制……都是企业提升数字化能力的关键点。企业应该鼓励员工参与创新与决策事项，及时识别和抵御数字化转型风险，形成组织战斗力和持续发展能力。

Google 为了培养员工的开放性思维习惯，特意引进了开放式办公空间设计。在 Google，办公室内的配套设施包括滑梯、自行车、篮球场、乒乓球桌及游戏设备，而且每间办公室都有独特的感性设计，员工绝对不会感到无聊。

而且 Google 还为员工添置了 Team Pods 工作舱，工作舱内配有桌子、椅子、白板及储物柜，充分满足了员工对办公室的灵活性需求。值得一提的是，Google 的会议室篝火也十分特别，参加会议的员工仿佛置身于篝火晚会中。他们围坐在带有背板的圆形空间内，背板的显示屏上还可以显示远程参会者，可以让团队更好地沟通，从而提升工作效率。

（3）企业想进一步提升数字化能力，还要建立智能化人才培养体系和激励机制，引入 AI 高智劳动力，同时形成智能化文化意识，鼓励员工独立思考。另外，管理者要具备智能化洞察和应用能力，培养员工的数字化适应能力，带领和引导员工践行数字化转型方案。

3. 运营维度的数字化能力提升

（1）数字化能力比较强的企业通常会有统一、高效的沟通工具。该工具融合了即时通信、语音会话、视频连线和远程协作等多种功能，可以支持超大规模群组在线交流，员工之间的沟通可以随时随地进行。另外，此类企业还会引进智能会议、AI 智能工作台和知识管理平台等办公设备，目的是让员工更紧密地连接在一起，实现从知识创造、沉淀、流动，到应用的闭环管理，构建完善的知识资产体系，在工作中给予员工智能感和科技感。

字节跳动非常重视沟通工具的引进和迭代。出于企业发展和数字化转型等方面的考虑，从 2012 年至今，字节跳动已经更换过多款办公软件，如图 3-5 所示。

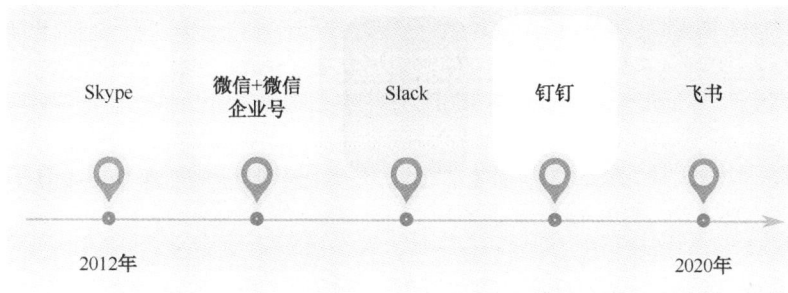

| Skype | 微信+微信企业号 | Slack | 钉钉 | 飞书 |

2012年　　　　　　　　　　　　　　　　　　　　　　　　　2020年

图 3-5　字节跳动沟通工具的变迁

其中，于 2020 年投入使用的飞书是字节跳动自主研发的，目前已经成为一款功能齐全的办公套件。飞书的功能包括文档编辑、语音或视频会议及智能日历等，目前仍然在持续迭代一些新功能，如诞生于线下头脑风暴的思维笔记功能等。

（2）提升运营维度的数字化能力，首先要打通线上与线下的流程，使流程实现集成化、协同化；其次要弱化员工在各环节的参与度，借助技术提升流程自动化水平；最后要对流程全生命周期进行管理与优化，实现流程问题精准定位与可视化展示。

（3）建立风险管理模型和风险监控体系对于提升数字化能力也很重要。前者可以帮助企业自识别风险偏好并通过风险指标量化风险；后者则会帮助企业实现风险的多维度检测与自动化预警，保证企业可以及时处理风险，进一步提升风险合规能力。

（4）当企业开始重视精细化管理时，则意味着数字化能力的进一步提升。为此，企业应该做一些比较重要的工作，如建立共享服务支撑平台，对信息和数据进行沉淀和分类管理；通过智能工具形成机器规则，实现运营过程自主反馈，使运营目标与转型目标保持一致。

4. 业务维度的数字化能力提升

（1）在产品与服务创新方面，企业要提升数字化能力，及时洞察市场形势，以应对快速发展的用户和市场动态；引进技术，将技术应用于产品设计、生产制造、运营维护、库存管理及售后服务等全流程环节；推动端到端产销协同发展，及时掌握产品的供需情况；快速迭代产品，采取动态定价模式，以保持产品的竞争力。

例如，在库存管理环节，企业可以借助人工智能、大数据等技术精准地完成出入库、盘点查询等工作，而且整个过程全是自动化操作。操作内容和数据会被实时记录在系统中，供员工随时随地查询。这样员工可以充分掌握产品动态信息，从而更精准地掌握库存情况。

（2）个性化营销对提升数字化能力的重要性不言而喻。为此，企业应该借助人工智能等技术对用户选行自动分类，为用户贴上标签，绘制更精确的用户画像。另外，企业还应该为用户提供线上线下无缝、无差异的消费和服务体验，争取在各渠道更广泛地触达用户。

（3）企业想提升数字化能力，就要实现交互式用户体验，比较好的做法包括：从用户角度思考体验设计；梳理端到端用户消费旅程，深刻理解交互模式；建立体验监测体系，及时采集用户数据，如用户满意度、回购率等；借助数据预测用户的情绪和消费行为，以此为基础向用户推荐产品与服务，避免资源浪费和决策失误。

（4）实现洞察与决策的自动化升级，企业的数字化能力才可以进一步提升。为此，企业要引进数据管理平台，打通不同渠道的数据壁垒，精准识别结构化数据与非结构化数据；建立数据管理团队，让其负责数据获取范围划分、数据定义及数据可用性分析等工作；引进决策管理平台，通过各项技术实现智能决策；在内部进行数据与资源共享，借助数字化手段保证决策水平；鼓励IT团队与业务团队紧密合作，共同为数字化转型出谋划策；根据业务变化迅速调整决策，保证决策的实时性和有效性。

（5）提升数字化能力的一个重要环节是实现业务全流程在线与闭环管理。企业应该对业务风险和异常情况进行预警和实时监测，还要及时识别新需求、新场景和新机遇，以打破业务边界，扩大业务范围。另外，企业也应该基于闭环业务进行数据沉淀，通过机器学习、深度学习等技术挖掘数据的价值和作用，以实现业务体系的自动化调整与重构。

数字化能力提升是一项长期工作，而且几乎不可能一蹴而就。因此，企业需要有长期作战的准备，积极探索数字化发展模式，利用数字化工具为未来发展赋能。

3.5 打造数字化价值链

价值链是美国哈佛商学院著名战略学家迈克尔·波特（Michael E.Porter）在其著作《竞争优势》中提出的。他认为，每个企业都是在产品设计、生产、销售、运输过程中不断进步的，这个过程囊括了很多业务环节。而将这些业务环节串联在一起，便形成了价值链。

一把手在推动数字化转型前，要深度分析企业自身的价值链，通常应该从最容易切入的环节入手。因为不同企业的价值链形态差异较大，所以在应用篇将以智能制造企业的数字化价值链为例分别展开论述，而本节则仅从数字化价值链等级角度做分析。

如今，技术的不断升级和广泛应用，使得企业价值链被重新改造为数字化价值链，改造程度可以分为三个等级：赋能、优化、转型，如图 3-6 所示。

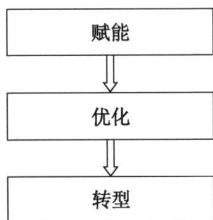

图3-6　数字化价值链的3个等级

接下来仍以中国石化为例，对这三个等级进行详解。

数字化价值链的第一个等级是赋能，也就是对传统的业务流程进行数字化赋能。中国石化通过搭建 ERP（Enterprise Resource Planning，企业资源计划）、智能管道等数字化系统，将业务流程串联在一起，实现了业务模式的变革，也使自身数字化能力得到了加强。

以智能管道系统为例，它让中国石化能够精地准掌控 3 万余公里的管道，全方位提升了中国石化的巡逻效率、防盗能力及面对突发事件的指挥能力。

当企业达到赋能等级后，其业务流程、设备装置等都会逐渐数字化，这也对企业的数据计算能力提出了更高的要求。达到赋能等级的企业，业务会更标准，组织架构会更透明，其他业务的运营水平也会得到显著提升。

数字化价值链的第二个等级是优化，在企业达到优化等级后，就可以借助大数据、人工智能等技术实现对业务流程的优化。这可以有效提升企业的核心竞争力。例如，中国石化就利用技术建立了炼化项目的优化系统，这个系统可以针对供应商的业务特点为中国石化提供最优的原油采购方案，从而实现效益的最大化。此外，中国石化还在炼化装置中增加了过程控制系统，它们可以利用这个系统精准地控制生产，实现投入产出比的最大化。

达到优化等级的企业最大的特征是实现了数据资产化，这些企业可以将多年积累的数据沉淀为宝贵的数字资产，充分挖掘和利用数据的价值，从而促进业务层面的优化创新。

数字化价值链的第三个等级是转型，转型包括企业的商业模式与运营模式的变革。例如，在石化 e 贸正式上线后，中国石化的销售模式从传统的渠道销售转变为新型的平台销售。此外，中国石化还可以利用智能设备自动识别人员滞留情况，使巡检模式从定时巡检转变为发现问题再巡检，从而极大地节省了人力，降低了巡检成本。

赋能与优化等级的内核是对数字化价值链中的业务进行优化和创新，转型等级则会跨越现有业务，创造全新的商业模式或运营模式。这三个等级既是递进的，也是相互交叠的。当企业达到转型等级后，就可以向其他合作伙伴输出价值，以换取资源与业务合作。

3.6　培养高素质的数字化人才

数字化转型虽然强调技术对企业的赋能，也重视数字化能力建设，但仍然不可以忽视人这一因素的关键作用。身处 21 世纪，什么最有价值？答案之一肯定是人才。而如果要为人才加上一个限制，给出一个更精准的定位，那便是数字化人才。

因此，在数字化人才的基础上，企业为了更好地顺应数字化转型趋势，提出了数字化人才培养训练营这一概念，即建立雇主与员工之间的互惠关系联盟。企业需要告诉员工："只要你让团队更有价值，团队就让你更有价值。"员工需要告诉老板："如果团队帮我壮大事业，我就帮企业壮大团队。"这样，员工致力于帮助企业取得成功，而企业持续提高员工价值。员工和企业双方都投资了这段关系，他们之间的联系也就更牢靠。

数字化人才培养训练营就是这样的互惠关系联盟的具体落地形式。企业若想构建一个功能完备的数字化人才培养训练营，首先要在企业内部统一数字化的共识。因为不同岗位的不同员工对数字化的定义不一样，对于应该在什么时候开始数字化的认知也是不一样的。

例如，产品经理、管理者和工程师，他们对数字化的侧重点是不同的。数字化转型是一个长期的过程，在这个过程中还需要给予员工新的知识、新的资讯。企业需要与员工在数字化转型的认知上达成一致，让员工主动参与到自我提升的过程中。

其次，企业需要明确自己需要什么样的人才。企业需要结合业务痛点和用户需求，优先培养稀缺人才。例如，缺少产品经理就要对员工进行产品规划和管理等方面的培养；缺少工程师就要对员工进行工程系统开发、设计、维护等方面的培养；缺少管理者就要对员工进行人际关系、领导力、综合能力等方面的培养。

当然，无论是技术人才、业务人才，抑或是管理人才，在企业进行数字化转型时，都需要了解数字化服务管理实践，如 VeriSM 和 ITIL、学习设计思维与精益 Lean Startup 等。企业要确保培养出的数字化人才能够了解标准的数字化运行体系框架。换言之，无论是培养哪方面的人才，落脚点都是通过数字化模式为企业赋能和助力。

最后，企业要推动组织升级与人才落地。只有培训是远远不够的，市场环境复杂多变，员工培训所获得的知识和技能需要在实践中进行演练，否则只能是纸上谈兵。企业可以通过将实际项目或业务场景与培训知识和技能建立关联性，使培训体系与实际业务产生真实连接。这样才能够将数字化植入到每个员工的心中，才能将组织升级方案真正地实施下去。

当然，企业需要尽可能地做到理解数字化、推动数字化和实践数字化。企业不要因担心员工搞砸业务而不敢放手让员工去做，或者认为数字化人才培养成本过高而草草走个形式。这些都是没有意义的形式主义，是万万不可取的。

企业需要明白，构建数字化人才培养训练营的最终目的是推动数字化转型。传统企业的培训往往是学习 Excel 或听演讲，或者学习某个敏捷体系等战术层面的单点能力提升。而数字化人才培养的目的是在体系和战略层面实现企业的数字化转型，让数字化转型为企业赋能。企业对数字化人才的培养是要使一群人拥有统一的想法，使他们摒弃旧思想，拥抱新思维。这是变革过程，也是人才与企业共同进化的过程。

3.7　美年大健康：数字化全方位赋能

2022 年 8 月 30 日，美年大健康发布了 2022 年半年报，半年报上的数据显示，2022 年上半年，美年大健康的营业收入达到了 29.22 亿元。如此亮眼的营业成绩与美年大健康的强大数字化能力是分不开的。在数字化能力的驱动下，美年大健康不断对产品进行迭代，进一步提升疾病早筛的精准性，加速健康体检与管理的数字化转型进程。

为了实现数字化转型，美年大健康提出了数字化转型三年规划，制订了"医疗导向、品质驱动、服务支撑、创新引领"战略方针，并组建了数字化转型委员会。此外，美年大健康还推出了扁鹊智能体检管理 SAAS 平台（简称扁鹊系统）、影像 PACS 云平台（简称 PACS 系统）和检验质控 LIS 系统（简称 LIS 系统），如图 3-7 所示。

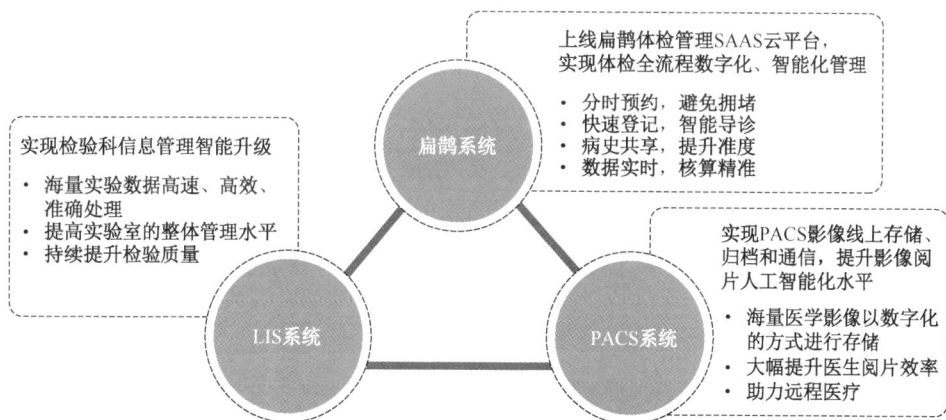

图 3-7　美年大健康的 3 个系统

扁鹊系统可以实现分时预约、快速登记、智能导诊和病史共享等功能，将在体检前、体检中和体检后为人们提供多种优质服务；PACS 系统可以将海量医学影像以数字化的方式存储下来，在阅片方面为医生提供相应的支持，并帮助医生的实现远程医疗；LIS 系统可以实现海量数据高速、高效、准确处理，使实验室的检验质量和管理水平得到进一步提升。

美年大健康提供的数据显示，扁鹊系统将入驻美年大健康在全国各地的分院。PACS 系统目前已经入驻 200 余家体检中心；而 LIS 系统则已经入驻 500 余家体检中心。可见，这 3 个系统都取得了非常不错的成绩。

其中于 2022 年 8 月新上线的扁鹊系统还可以连接体检云平台和医技云平台，使这两个平台的数据能够实时互通。该系统还会将一些关键的异常体检结果自动上报给医生，医生则可以结合医技平台为用户复诊并给出合适的诊疗方案，从而不断加强医疗质量管理。

在运营方面，美年大健康也在积极进行数字化转型。美年大健康打造了星辰用户管理系统，确保用户数据在线化，进而提升用户复购率。同时，它还建立了"买、约、管、查"一体化小程序，不断丰富用户的消费渠道，加强用户粘性，推动核心业务持续增长。

美年大健康已经在淘宝、京东等电商平台设立了官方旗舰店，并联合官方旗舰店和多家体检中心对产品进行大范围宣传。另外，美年大健康还推出了以"感恩社会、感恩客户、感恩员工"为主题的品牌活动，并与快手、抖音等平台合作，在短视频和直播领域布局。

在上述一系列数字化转型战略的推动下，美年大健康实现了统筹连锁经营，形成了独特的产品优势和强大的竞争壁垒，进一步提升了健康产业生态系统的数字化能力与循环能力。

第 4 章

数字化转型战略规划

第 3 章提到，数字化能力可以从战略、组织、运营和业务四个维度来衡量，企业同样也可以从这四个维度来提升数字化能力。这四个维度中，战略维度是重中之重。新一轮技术和行业变革迅猛发展，全球经济从增量发展逐渐转化为存量竞争，市场环境日益复杂多样。

在这样的时代背景下，企业面临多重不确定性，需要创造新的价值空间，全面提升自身可持续发展能力。以数字化转型战略化解这种不确定性，是企业的当务之急。企业要制订数字化转型战略，并将其作为发展战略的重要组成部分，使其支撑总体目标的实现。

4.1 准备好进行数字化转型了吗

数字化转型已经成为全球各行各业最受关注的话题之一，甚至还出现了一种说法——未来能活下去的企业绝大多数都是数字化企业。如果在多年前技术尚不发达的时代，这种说法也许是危言耸听，但在当下技术为王的社会，这种说法已经逐渐演变成了事实。

但与数字化转型热度相对应的，却是企业在认知和经验上的不足。很多企业对数字化转型没有任何头绪，不清楚自己应该为实现数字化转型做何准备。通常数字化转型要想成功，企业至少需要在意识、组织、文化、方法和模式五个方面做准备，如图4-1所示。

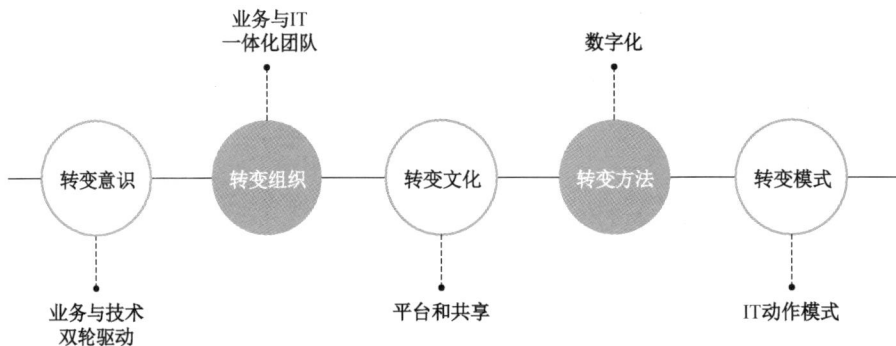

图4-1　数字化转型的准备工作

1. 转变意识

数字化转型是一个系统性工程，必须由管理者主导和推动。员工要培养将数据作为企业核心资产的意识，而且要认为数字化转型是必要的，是实施数字化转型战略的必经之路。管理者要为员工提供一个清晰的数字化转型愿景，带领员工尤其是担任关键职位的核心员工往正确的方向发展，帮助员工了解自身角色，让员工知道应该如何进行数字化转型，与员工一起尽快适应数字化转型的节奏。

当管理者和员工的意识与数字转型战略保持一致，大家都感觉自己亲身参与其中时，真正的变革就会发生。那时，企业的数字化转型进程将进入一个新阶段。

2. 转变组织

很多企业都容易陷入这样的误区，认为自己只要引入了技术，就能成功完成数字化转型。事实果真如此吗？当然不是。数字化转型成功与否，除了和技术息息相关，还和组织挂钩。为了跟上数字化时代的发展潮流，组织必须具备敏捷性和适应性。

在组织敏捷性方面，企业可以将业务部门与IT部门紧密结合在一起，建立业务与IT一体化团队。这样大家可以力出一孔、紧密交流、协同发展，瞄准数字化转型的突破口和关键点开展工作，高效解决IT部门和业务部门两张皮的问题。

在组织适应性方面，企业要鼓励员工突破旧的工作模式，尽快适应新的发展节奏，同时要保证对核心技术人才或技术团队的资源倾斜。当员工尝试创新，并获得相应的资源支持时，会更容易在工作中发挥创造力和想象力，使企业实现数字化转型的可能性变得更大。

3. 转变文化

数字化转型强调平台与共享，要求每个部门、每位员工在依托平台获取数字化能力的同时，将自己的数字化能力反哺给平台以支撑他人获得成功。也就是说，在数字化时代，企业文化要由利己型文化向利他型文化转变，即打造开放、包容、以员工为导向的文化氛围。同时，利他型文化倡导用数据说话，明确在符合要求和被领导授权的情况下，不同部门的数据可以充分共享。而这些数据将成为各部门进行决策的重要依据。

另外，企业要将数字化理念融入价值观，引导员工不断加强数字化思考和实践，建立完善的文化机制来调动员工的积极性，倡导平等、透明的工作氛围，例如，为员工营造一个适合学习的开放的工作环境，或者在数字化转型方面给予员工一定的发言权。当员工可以在企业进行数字化转型的过程中畅所欲言时，数字化转型的成功率会更高。

4. 转变方法

之前企业开发IT系统是为了满足自己对固流程化与规范业务的需求，因此往往是一个流程或一个业务对应一个IT系统。现在企业可以利用技术将流程和业务逐步从线下转到线上，这种方法上的转变使企业能够快速编排所需流程，进一步推动业务创新与升级。

5. 转变模式

在数字化转型过程中，管理者应该提升技术认知水平，理解技术是推动企业发展的核心动力，提升 IT 部门及技术人才的话语权和重要性，关注 IT 部门与业务部门之间运作模式的转变。业务部门经常会向 IT 部门提出需求，面对需求，IT 部门往往会延续比较经典的瀑布开发模式。瀑布开发模式的基本流程是"需求→设计→开发→测试"，流程中的各环节是独立的，当上一个环节完全结束后，下一个环节才正式开始。

需要注意的是，在瀑布开发模式下，需求很难在短时间内得到验证。因此，IT 团队花费了两年才开发出来的产品，很可能早就已经无法迎合市场发展潮流。此时 IT 团队之前所做的工作都要被推翻，一切都必须从头再来。这对企业来说无疑是人力和物力的消耗。

与存量 IT 系统和软件包不同，新型服务式应用往往更适合 DevOps 敏捷开发模式。DevOps 敏捷开发模式指的是 Developers（开发）和 Operators（运维）一体化模式，即开发团队和运维团队协同工作。这种模式提升了开发速度，用户可以很早地就对产品或服务的一部分进行体验，而企业则可以更快地接收到用户的反馈，从而更高效地对产品或服务进行优化。

4.2 场景挖掘：找准转型突破口

当下大多数企业，要么在积极进行数字化转型，要么在尝试进行数字化转型。而在数字化转型过程中，企业无论是处于启动阶段还是发展阶段，都要做一项至关重要的工作，即挖掘数字化转型的场景，这项工作往往既因时而异也因事而异。

为了保证场景挖掘的经济性和有效性，企业应该全面分析自身业务流程和数字化价值链，最好从非关键环节入手，即先做小规模的数字化转型投入，然后快速验证其可行性，让数据沉淀下来并得到充分利用，最后循序渐进，逐步迭代。这样可以避免数字化转型对业务造成重大影响，也能通过小步快走的方式尽快磨合团队，逐步积累信心。

具体来说，企业应该知道哪个场景适合作为数字化转型的起点，当数字化转型在这个场景产生效果后，它就可以对其他场景的数字化转型起到示范和激励作用，员工也会因为眼见为实更深刻地理解符合自己所在企业的数字化转型究竟是怎样的。

在场景挖掘方面，CYY 公司是一个比较有代表性的案例。

CYY 是一家产业线丰富、各项资源雄厚、影响力极强的知名企业。近几年，CYY 的主营业务增长缓慢，需要开发新产品。因此 CYY 与明悦数据达成合作，共同探索数字化转型之路。明悦数据对 CYY 进行场景挖掘，发现 CYY 的数字化转型可以从以下 4 个场景入手，如图 4-2 所示。

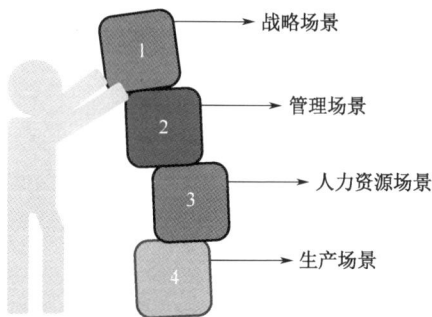

图 4-2　CYY 公司数字化转型的 4 个场景

（1）战略场景：包括数字化商业模式建设、战略沟通与宣贯、业务数字化、业务分析与洞察导航系统和全价值链数字化解决方案。

（2）管理场景：包括数据中心与数据库建设、市场数据采集系统、智能预算系统、财务数据看板、业绩管理看板、设计与开发流程创新、智能产品线管理系统、销售导航与决策看板、数字化全渠道营销、智能服务体系和用户分级管理等。

（3）人力资源场景：包括人才需求预测、招聘数字化、线上培训、员工效能管理与分析系统、数字化人才库建设、后备人才画像与管理看板和卓越管理者计划等。

（4）生产场景：包括车间流水线 IT 系统建设、CV 监控与识别系统建设等。

明确了数字化转型的场景，CYY 接下来就要对场景进行优先级排序。排序标准有四个：重要性、紧迫性、价值和见效速度。CYY 需要找到哪个场景是高重要性、高紧迫性、高价值且见效快的，然后就先从这个场景入手进行数字化转型。

经过优先级排序，CYY 有了初步的数字化转型方案。在第一阶段，CYY 将数字化转型的场景定位于生产场景，即为车间流水线引进智能检测系统，通过摄像头采集视频数据，再通过人工智能、大数据等技术对工人的工序操作是否合规、车间生产是否存在安全隐患等进行自动检测。系统一旦发现问题，就会立刻将风险上报，并及时处置风险。

在第二阶段，CYY 把数字化转型重点放在管理场景上，包括智能检测系统的风险事件管理和风险处置、智能产品线管理系统、数字化全渠道营销和用户分级管理等。对于 CYY 来说，这两个场景都属于高重要性、高紧迫性、高价值且见效快的场景。

在数字化转型过程中，企业只有知道先做什么、后做什么，才可以由点到线、由线到面地逐渐产生效果，激发员工对数字化转型的信心与热情，进而在内部产生连锁反应。久而久之，企业就可以从一个场景的成功走向多个场景的成功，在大范围内实现数字化转型。

4.3 数字化转型利器——金字塔模型

数字化转型的金字塔模型有 5 个层次，即企业战略、用户体验、渠道融合、流程再造和科技支撑。5 个层次自上而下呈递进关系，展示了数字化转型的关键点，如图 4-3 所示。

图 4-3　金字塔模型

（1）企业战略。企业首先要做好数字化转型下的战略调整，包括人员配置、试错成本、组织架构和业务流程等有别于传统战略的地方；然后找到创新业务流程的关键，将其作为重点，以便内部资源的优化与统筹，使数字化转型更容易见效。良好的数字化战略具有导向作用，能带动企业坚定不移地朝着正确的目标和方向发展。

（2）用户体验。用户体验是数字化转型是否成功的直接反馈，企业应该以用户为导向，以满足用户的需求为驱动力进行创新与升级，同时建立便捷的用户反馈通道。另外，企业还要解决产品同质化问题，尽量做到用户体验至上，进而吸引更多用户，扩大产品市场。

（3）渠道融合。企业可以利用数字化手段使线上与线下两个渠道相融合。其中，线下渠道以用户体验为核心，线上渠道以用户留存为关键，二者相辅相成，走一体化道路。与此同时，企业还可以入驻电商平台，吸引更多受众，发挥数字化联结能力，消除不同渠道的数据孤岛现象，最终进一步提高转化率，打造全渠道闭环。

（4）流程再造。对于企业来说，数字化转型的最大难点之一可能就是流程再造。因为很多企业的业务流程都已经使用多年，如果试图通过技术或一些智能系统打破这个流程，那会是一个不小的挑战。企业除了要重新设定所有部门的职责，还要把数据整合起来，让数据在设计、生产、销售和服务等各个环节产生价值，从而节约人力成本，提升工作效率。

（5）技术支撑。很多专业人士认为，技术不是数字化转型的核心，而是数字化转型的推动者。技术支持业务目标和产品价值的实现，也是运营与管理模式变革和企业进入市场的重要助力。企业应该结合自身现状，将技术与现有系统架构融合，让技术代替部分人力，以便提升工作效率，消除发展痛点，促使自己获得持续成长。

以新华三集团为例，该企业投入 70 余款 RPA（Robotic Process Automation，机器人流程自动化）机器人，这些机器人将订单审批的平均处理时间由 9 个小时缩短至 8 分钟，效率提升了数十倍，可以将生产操作导致的的质量问题降低 40% 以上，将产品停产预留采购开支降低 13%。而且这些机器人全年无休，大大节约了人力成本，为企业的业务增长赋能，带来前所未有的技术革新。

4.4 数字化转型 3 大制胜策略

数字化转型战略研究的奠基人文卡·文卡查曼在其著作《数字化决策：运用"数字化矩阵"实现企业转型的系统决策原则》中强调数字化转型是有制胜策略的。制胜策略指导企业实现更高效的、由数据和技术驱动的数字化转型，可以让企业朝着正确的方向前进。

在进行数字化转型时，制胜策略越科学、越完善，企业就越有可能看到自己的进步和最终成功。目前比较常见的制胜策略主要有以下 3 个，如图 4-4 所示。

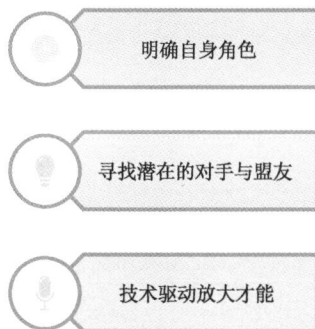

图 4-4　数字化转型 3 大制胜策略

1. 明确自身角色

在数字化生态系统中，企业往往有两种角色——构建者与参与者。构建者打破传统商业模式，整合行业内各企业的优势，突破企业之间的组织壁垒，进而构建新型生态架构，使各企业在协同发展中能产出更大的效益。参与者则是充分了解自己的核心优势，让其他企业与自己建立联系，从而创造"1+1＞2"的价值，并在此过程中赚取更多利润。

企业要知道自己的角色，并根据角色主动调整自身愿景。企业可以对生态系统中的各组成部分进行协调，成为打破传统的构建者；或者也可以成为生态系统中的参与者，用自己的参与为生态系统赋能，积极为其他企业提供全程支持和帮助。

作为构建者的企业要具备独特且关键的能力，而且要吸引和自己有互补性的合作伙伴，并以公平透明的方式管理生态系统，以便进一步提升生态系统的价值。作为参与者的企业要思考自己是否应该同时参与多个生态系统，并明确应该与哪个生态系统建立优先关系。

2. 寻找潜在的对手与盟友

谁是企业的对手？谁是企业的盟友？这个问题是经营的首要问题。企业要了解自己的角色，将自己最重要且有价值的能力列举出来，以此寻找潜在的盟友，与其他企业共赢数字化未来。同时，企业还要明确自己真正的站场在哪里，明确潜在的对手和盟友。

找到潜在的对手与盟友后，企业还需要根据市场变化和业务需要及时调整业务目标，将核心能力发挥到有需要的地方。另外，企业还要注意在与对手进行良性竞争的过程中，要以数字化转型为手段降本增效，保证自己的利益不受损害。

3. 技术驱动放大才能

企业可以利用人工智能、大数据和云计算等技术解决业务痛点，通过技术杠杆放大自身数字化能力，最大限度地推动数字化转型战略落地。

详细来说，企业首先要深入探索业务流程，发现亟待解决的流程问题；然后利用技术进行业务创新，促进人机之间的积极互动，将无需人力干预的任务自动化，减少不必要的人力支出，从而提高工作效率；最后从人机结合的角度重构组织发展体系，将组织分为自动化集群、增强集群和放大集群，并不断调整与完善自己的人才架构。

数字化转型几乎是每个企业都要经历的过程，但盲目地进行数字化转型，失败率会非常高。如果企业能够做好数字化转型的精巧构思，制订合适的制胜策略，成功率会大大提高。

4.5 数字化转型的成长模式

以共享、开放的态度变革旧事物，以未来、前沿的视角重构新事物是数字化转型的重点。不过对于大多数企业来说，无论是变革旧事物还是重构新事物，其实都是在摸着石头过河。这些企业在进行数字化转型时，往往要付出更大的努力，才可以让自己不断成长。而数字化转型本身也属于成长模式，企业要跟随它的成长模式探索自己的发展道路，如图 4-5 所示。

图 4-5　数字化转型的 4 种成长模式

1. 精益式转型

精益式转型指企业基于战略与亟待解决的痛点，确定数字化转型的重点项目，进而促进战略目标的实现。企业进行精益式转型，需要把握三个要点：进行场景优先级规划，充分发挥自上而下的力量，将成功案例的效果可视化。

美的集团曾经拥有 10 个事业部，彼此相对独立，每个事业部的数据、系统和流程互不相通。在集团整体上市的压力下，美的的数字化转型迫在眉睫。于是，美的首先进行场景优先级规划，将打破事业部之间相对孤立分散的困境作为亟待解决的问题。

由于业务骨干是对场景理解最深的人，美的的第二个举措就是充分发挥业务骨干的力量，自上而下地推动数字化转型，将事业部的所有信息系统进行整合。当事业部取得成功后，美的顺利实现了"一个美的、一个体系、一个标准"的变革目标，如图 4-6 所示。此后无论是数字化改革还是数字化项目建设，都可以基于事业部的数字化转型方案进行调整。

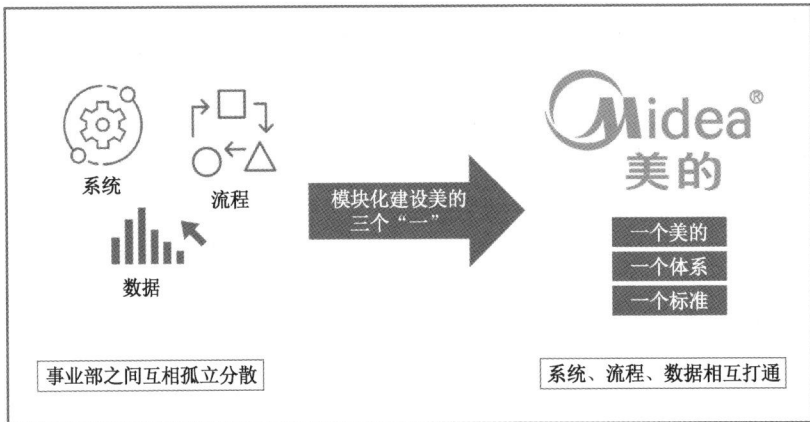

图 4-6　美的精益式转型

精益式转型是助力企业平稳发展的重要模式，通过一两个场景的成功，迅速让企业看到数字化转型的价值与必要。该模式不仅能激励员工，还能为企业的数字化转型打好基础。

2. 增强式转型

增强式转型是对原有战略进行全场景式的数字化转型，该模式要将战略作为第一焦点。例如，某企业在转型之初没有明确好战略，从制造、组织、流程等多个方面进行数字化升级，最终不仅没有提高效益，还浪费了很多人力和财力，转型也宣告失败。

可见，增强式转型需要企业确立正确的数字化转型战略，以错误或者模糊不清的战略为导向，只会徒增无用的探索，最终白忙一场。

3. 创新式转型

创新式转型指企业通过数字化技术确立新的战略愿景，构建新的商业模式，该模式以保持持续性竞争优势作为数字化转型的核心。

便利蜂诞生初期便以数字化技术驱动自身发展，实现从门店到工厂的全自动化操作。例如，鲜食加工、出厂运输、门店售卖及过期处理等环节都由智能设备运作，以便节约店长与店员的精力，使其更好地服务用户。便利蜂全产业链的数字化变革直击行业痛点，对零售业进行重塑，发展势头一度赶超 7-11、罗森、全家等同类便利店。

创新式转型强调数字化技术的使用，该模式能让企业保持持续的竞争优势，进而拓展业务范围，实现效益增长。

4. 跃迁式转型

在数字化转型过程中，跃迁式转型是非常有挑战性的一种模式，在该模式下，企业的战略愿景、商业模式将同步变革。虽然从表面上看该模式与创新式转型无益，但该模式要求企业有强大的数字化能力作为支撑，否则很容易失败。

（1）领导力。跃迁式转型需要领导具备强大的推进意愿，能够明确企业愿景并为员工提供大量资源支持，这样才能让企业少走弯路。

（2）文化精神。管理者需要学习数字化相关知识，用好数字化技术，推动数字化变革。例如，碧桂园服务 CEO 李长江每周会抽出一定时间来学习数字化转型案例，而且在碧桂园服务内部，每位副总裁都配备了数字化助理，专门负责数字化转型相关工作。

（3）能力提升。企业进行数字化转型，除了需要内部人才的支持，还需要借助外部行业专家的力量，这样可以发挥二者的协同优势，促使二者共同加速企业的数字化转型进程。

每家企业面临的问题和当下所处发展阶段可能都不一样，所以在进行数字化转型时，应该具体情况具体分析，选择真正适合自己的成长道路。

4.6 产业互联网助力数字化转型

产业互联网的出现是互联网发展到一定程度后，向产业渗透与融合的必然结果，即借助互联网对产业链与价值链进行重塑，从而更好地优化与集成各类生产要素。互联网属于数字化技术的范畴，将互联网与产业融合在一起的产业互联网则属于数字化转型的范畴。但后者对战略制订、业务流程和组织架构提出了更高的要求，因此通常被称为高阶的数字化转型。

了解产业互联网，可以从发展背景、发展阶段和布局要点三个方面展开，如图 4-7 所示。

图 4-7　产业互联网认知

1. 发展背景

在非互联网领域，大部分已经存在的产业被称为传统产业，这些传统产业的产业链很长，大量从业人员参与其中，难免存在信息不对称、生产水平落后或工作效率低下等问题，从而导致供给侧和需求侧失衡，传统生产模式和产业结构落后。这时，企业对数字化转型的需求进一步增强，产业互联网的概念也就顺理成章被提出了。产业互联网旨在通过技术赋能传统产业的创新与升级，实现供需之间的协同与平衡。

产业互联网能跳出传统产业的发展思维，以数字化技术为基础提升传统产业的运营效率。简而言之，产业互联网就是利用自身技术优势，去改造传统产业，实现整个产业链和价值链的数字化转型。对于企业来说，这也是数字产业化和产业数字化的重要载体。

2. 发展阶段

产业互联网的发展大致可以总结为以下阶段，如图 4-8 所示。

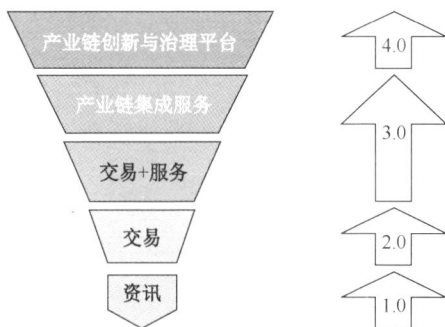

图 4-8　产业互联网的发展阶段

（1）1.0～2.0 阶段。目前大多数提供产业互联网相关服务的企业都处于此阶段，即借助资讯整合与分析促成交易，通过解决信息不对称问题来获取一定的收益。该阶段的产业互联网虽然能为企业产生价值，但价值十分有限，因此存在黏性不足等问题。

（2）3.0 阶段。3.0 阶段的产业互联网从解决产业痛点入手，通过数字化技术实现价值链的互联网化，帮助企业达到降本增效的目的，从而向用户持续提供价值。该阶段的产业互联网不断进行整合，最终形成以产业链为中心的集成服务，真正推动产业升级。

（3）4.0 阶段。4.0 阶段在 3.0 阶段的基础上继续升级，是产业互联网的展望阶段。产业互联网的发展惠及想要进行数字化转型的企业，相关市场准则也在不断完善，企业之间逐渐开展有序竞争与紧密合作，共同构建互利共赢、持续发展的产业互联网新生态。

3. 布局要点

产业互联网可以帮助传统产业升级业务流程、提升效率，对实体经济发展有极大的促进作用，还可以优化经济结构。正因为如此，很多企业都在积极尝试进行产业互联网布局。总的来说，这些企业的产业互联网布局可以分为以下两种路径。

（1）传统企业互联网化，即不断提升传统企业的数字化能力，并将这个能力推广到整个产业，为同类企业提供相应的支持和服务。通用电气是使用这个路径的代表性案例，其自主开发的工业平台 Predix 深受欢迎，服务过很多制造企业，也为其创造了不少收益。

（2）互联网企业产业化通常是以互联网企业为主导。互联网企业依托自身技术优势采集大量数据，用这些数据设计产品，再根据设计方案指导制造企业生产产品。当然，互联网企业也可以直接生产产品。这个路径的代表性案例是谷歌（Google），谷歌凭借大量数据，成功设计出了包括机器人、无人车在内的众多高质量产品，并通过收购的制造企业生产产品。

从长期来看，布局产业互联网可以建立一个平台，这个平台要有集中管理基础设施的能力，然后以提供服务的方式，让有需要的企业使用这些基础设施。要建立这个平台，必须不断提升业务扩展能力，以支撑更多业务环节。企业可以先尝试打通一个业务环节，接着利用在该业务环节中获得的资源去撬动上下游，从而逐步变革整个产业链，推动产业互联网发展。

4.7 体制建设是数字化转型的保障

数字化转型不仅是业务与技术的融合，还是企业颠覆传统发展模式的一次变革，其重要性不言而喻。为了更顺利地完成数字化转型，企业要从管理层入手加快创新速度，构建合适的管理体制，不断推进体制建设，具体可以从以下几个方面入手，如图 4-9 所示。

图 4-9　推进体制建设

1. 组织体制建设

处在数字化转型过程中的企业，效率往往不再源自明确的分工，而是不同部门之间的协同。企业要适应技术发展，创新组织体制，具体表现为加强管理层的扁平化管理，不断完善授权体系，将上级权威式驱动转为数据式驱动，让数据成为决策依据，打破组织边界，消除管理冗余。例如，美的提出了"789 工程"，即 7 个平台、8 项职能、9 大事业部。该工程帮助美的将各事业部的共享功能整合到集团总部，进而优化资源配置，为美的持续赋能。

2. 激励体制建设

企业的数字化转型正在朝多元化方向发展，如果配合科学的激励体制，将爆发出巨大潜能。但很多企业仍然在使用原来的激励体制，并未随着数字化转型的推进而对其进行调整和优化。在数字化时代，数字化人才的培养离不开与时代匹配的激励体制。

企业应当明确数字化人才的价值标准，通过绩效考核、成果分析及日常工作表现调查等方式精准地评估数字化人才的能力。根据评估结果，企业可以制订更合理的激励体制，并及时调整相关方案，让数字化人才对企业产生更强烈的信任感。这样才能激发他们的工作热情和积极性，使他们成为推动数字化转型的中坚力量。

3. 投入体制建设

对于企业而言，数字化转型有投入高、周期长但见效慢等特点，这项工作并非一朝一夕可以完成的，而是需要持续的成本投入，包括科研成本、技术成本、组织变革成本等。《中国青年报》提供的数据显示，美的为了做好数字化转型，已经累计投入了近百亿元。

所以，企业一方面要做好前期成本预算，综合考虑各项费用；另一方面要节省不必要的开支，并通过数字化转型提高服务标准，降低服务成本。总之，只有建立科学的投入体制，企业在进行数字化转型时才可以有足够的资金支持。

4.8 进化：从数字化到智能化

第1章已经探讨过，数字化的下一阶段是智能化。数字化的作用对象是数据，解决了经营过程中数据的沉淀、流转、处理和呈现等问题，而智能化的作用对象是知识，是对已经积累的数据做进一步分析、知识提炼和升华。虽然二者在概念上是递进关系，但并不意味着企业一定要等到数字化转型全部完成后才开始考虑进行智能化建设。

事实上，企业可以在一开始启动数字化转型时，就将数字化和智能化的愿景、目标、改造环节及投入节奏等进行统筹规划。转型的范围有大有小，可以是将企业整个业务链和价值链全部改造，也可以只聚焦到一部分业务流程，还可以仅从某个微不足道的点切入。

例如，中国民航信息网络股份有限公司（以下简称中国民航）积极探索智能化道路，利用人工智能、大数据、云计算等一系列技术，建设智能化程度更高的智慧机场。中国民航的智慧机场蓝图分为五个层面，分别是智慧安全、智慧运营、智慧管理、智慧服务和智慧商业。以智慧安全中的智能闸机为切入点，中国民航依托线上购票等数字化系统积累的海量数据，利用智能人脸识别等技术开发了智能闸机和安保平台，通过抓拍人脸对用户的身份进行审核，将审核时间降低到0.1～0.2秒/用户。整个过程不仅快速，还大大提高了机场的安全性。

在从数字化到智能化进阶的过程中，各种技术，特别是人工智能、物联网等技术逐渐渗透到各行各业中，通过技术赋能整个产业，打通并重组产业上下游、业务流程和价值链，将会催生出各种各样的新型智能产业生态。

4.9　富士康的转型战略规划方案

对于制造企业来说，数字化转型已经是大势所趋。作为制造业的先驱，富士康集成多项智能技术的应用，打造全新数字化工厂，成为引领制造企业数字化转型的行业榜样。

富士康的数字化转型战略布局，大致通过 3 个版块展开，分别是文化建设、组织建设与平台建设，如图 4-10 所示。

图 4-10　富士康的数字化转型战略布局

1. 文化建设

对于富士康来说，数字化转型不仅是某项特定的技术应用或管理系统的升级，还是企业文化转型的 DNA。富士康将数字化转型融入自身企业文化中，在企业中形成鼓励转型、积极创新的工作氛围，使员工养成数字化思维，在工作中以数字化观念解决实际问题。

为了推动企业的数字化转型文化建设，富士康举办了数字富士康数字化转型表彰与交流大会，围绕着智能管理与组织、生产车间等场景的智能技术应用、系统智能化等标准，进行多方面综合筛选，评选出数字化转型的先进团队与先进个人，让他们在工作中起到先锋模范的带头作用，使数字化转型在富士康集团中深入人心。

2. 组织建设

富士康的数字化转型组织建设包括数字化工匠培育、高端数字化人才引进与培养及数字化转型团队建设等方面。

人才、团队与组织是推动企业转型升级的重要动力，为贯彻执行数字转型战略，富士康设立首席数据官一职，并组建起工业互联网办公室，专注于为集团打造智能制造与数字化转型的战略规划，推动企业工业互联网与数字化平台的落地。

3. 平台建设

平台建设包括生产管理平台、工业大数据平台及物联网平台等，通过应用一系列先进的数字化技术，结合生产实践应用，实现关键生产数据的互联互通，能够使生产效率得到大幅度提升。

作为享誉全球的科技制造企业，富士康在系统性地整合服务、机构设计研发、关键零部件制造及供应链系统化等方面具有突出优势，基于此，富士康不断加快数字化平台建设，通过对各种数字化工具的应用，不断整合服务经验，推动企业的数字化变革，从而提升企业核心竞争力，引领行业发展。

富士康积极开展数字化转型，实现了工业生产的自动化、业务流程的互联网化，不仅能促进企业持续健康发展，还能为企业注入新血液、增添新动能，并使企业向其他企业作出示范，引领整个产业向数字化、智能化的数字产业转型升级。

应用篇

数字化转型实战方案

基础篇介绍了数字化转型的基本概念，应用篇的第 5 章到第 10 章将以制造产业为例，分别从生产、物流、销售、营销和服务等典型价值链环节展开讨论，分析在这些环节中的若干典型场景中，制造业应该如何实施数字化转型。

正所谓"制造业稳，则经济稳"，制造业已经成为经济发展的主体和增长引擎，在我国充分发挥着压舱石的作用。把制造业的数字化转型放在重要位置，打造智能制造体系，着力提升制造业的核心竞争力，是我国的当务之急，也是达成提质增效目的的有效途径。

第 5 章

智能制造开启数字化应用时代

5.1 智能制造发展现状分析

智能制造是制造业数字化的典型表现，我国目前以推进智能制造为主攻方向，致力于打造以智能制造为核心的新型制造模式。可以说，智能制造在一定程度上引领了第四次工业革命浪潮，未来将成为受政府高度重视的一个主导产业。

当前，智能制造发展的现状主要可以总结为以下几点，如图 5-1 所示。

1. 智能制造处于发展阶段

智能制造现在仍然处于发展阶段，未来还需要层层推进。在制造业升级的关键节点，机床、纺织、化工等常见细分领域正在积极变革生产模式，逐渐淘汰那些自动化水平比较低的设备，转而引进极具科技感的智能设备。这是其实现数字化转型的强大动力。

2. 智能制造产业市场规模持续扩大

智能制造涉及的下属产业比较多，包括工业机器人、3D/4D 打印、数控机床、工业物联网和工业软件等。近几年，随着智能制造的不断发展，这些产业的市场规模在不断扩大。举例来说，2021 年，数控机床市场规模已经超过 1640 亿美元，工业软件市场规模高达 4561 亿美元。由此可见，智能制造有巨大的潜在市场空间。

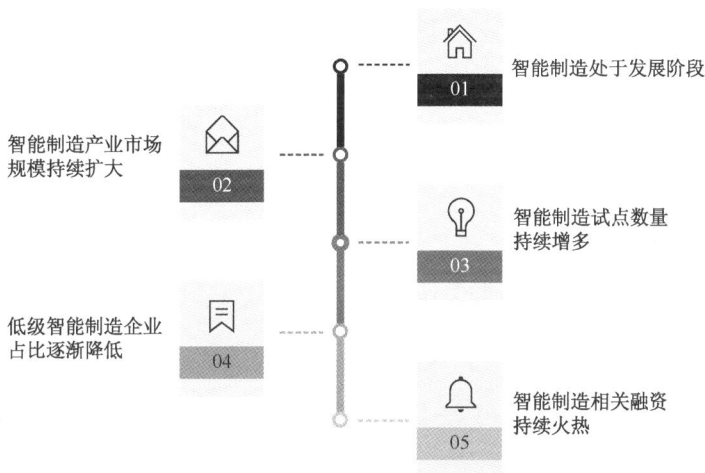

图 5-1　智能制造发展现状

3. 智能制造试点数量持续增多

2015 年，覆盖近百个领域的智能制造试点示范专项行动正式开始，此后每年试点数量都不断增多。工信部提供的数据显示，2017 年试点数量应为 97 个，2021 年公示的智能制造优秀场景和示范工厂共计 351 个。

4. 低级智能制造企业占比逐渐降低

2021 年 5 月，《智能制造能力成熟度模型》正式发布。该模型根据企业对员工、技术、资源和设备等进行应用和升级的程度，将企业的智能制造能力成熟度划分为 5 个等级：一级（规划级）、二级（规范级）、三级（集成级）、四级（优化级）和五级（引领级）。

智能制造评估评价公共服务平台提供的数据显示，截至 2021 年 12 月，全国有 2 万余家企业通过该平台进行智能制造能力成熟度自诊断。2021 年，我国近 70%的企业处于一级及以下水平；二级、三级企业的占比分别是 15%、7%；四级及以上企业的占比为 9%。2021 年，企业整体的智能制造能力成熟度与 2020 年相比有所提升：一级及以下企业的占比减少 6%，而三级及以上企业的占比则提升了 5%。

5. 智能制造相关融资持续火热

受政策红利和技术发展的推动，智能制造领域的融资形势一片大好。从 2018 年开始，智能制造相关融资事件就频频发生（当年的融资事件达到 163 件，融资金额超过 486 亿元）。2019 年，智能制造相关融资事件达到 152 件，融资金额为 234.05 亿元，较 2018 年有所回落。2020 年，融资事件较 2019 年有所增加，融资金额达到了 449.17 亿元。2021 年，融资事件数量继续呈现上升趋势，达到了 196 件，而融资金额也超过了 467.69 亿元。

目前智能制造正在引领制造业的升级进程，大力推动制造业的生产与发展模式变革，同时也促进了运营创新。在此背景下，以人机协作、无人化、自动化等为特征的智能制造将被广泛关注。该领域的商机也不断增多，吸引了诸多企业加大这方面的成本投入。

5.2 大国博弈，智能制造浪潮席卷全球

随技术的不断普及，智能制造创造了一个新的蓝海市场，全球制造业掀起了一股前所未有的发展浪潮，谁都想在此大好机会下成为真正的赢家。作为工业大国的中国，以及德国、美国、日本，都认识到智能制造的优势，开始摩拳擦掌，马不停蹄地实施新的战略。

1. 中国的智能制造战略

中国于 2015 年发布了《中国制造 2025》，强调要以推进智能制造为主攻方向，打造以智能制造为重点的新型制造体系。《中国制造 2025》提出我国要坚持"创新驱动、质量为先、绿色发展、结构优化、人才为本"的基本方针；坚持"市场主导、政府引导，立足当前、着眼长远，整体推进、重点突破，自主发展、开放合作"的基本原则。

同时，我国各地区大力开展智能制造试点工作，不断推动示范项目发展，在大范围内传播成功经验。我国还打造了一批数字化车间和数字化工厂，很多制造工厂都因此而实现了更高程度的自动化和机械化，产品质量和生产效率都有了很大程度的提高。

按照平均数计算，智能制造示范项目企业的生产效率提高了 48%，产品开发周期缩短了 38%，产品不合格率降低了 35%。由此可见，智能制造试点工作的效果非常不错，起到了显著的示范与带动作用。

2. 德国的智能制造战略

在智能制造方面，德国实施了"工业 4.0"计划，该计划由德国人工智能研究中心董事兼行政总裁沃尔夫冈·瓦尔斯特尔（Wolfgang Wahlster）提出。与此同时，他对"工业 4.0"做出了这样的解释："要通过人工智能、大数据、物联网等技术推动第四次工业革命，提高制造业水平。"目前德国已经将"工业 4.0"定为十大未来重点项目之一。

德国还专门投入上亿欧元，希望进一步支持新一代革命性技术的研发与创新，以奠定自己在关键技术领域的优势地位，夯实自己作为制造强国的核心竞争力。如今，以技术为核心的智能工厂在德国遍地都是，这些工厂不仅效率高，还可以实现整个产品价值链的深度融合，这其中涉及原料采购、生产、销售、物流、营销等多个环节。

"工业 4.0"的发展要素主要包括以下 4 个方面，如图 5-2 所示。

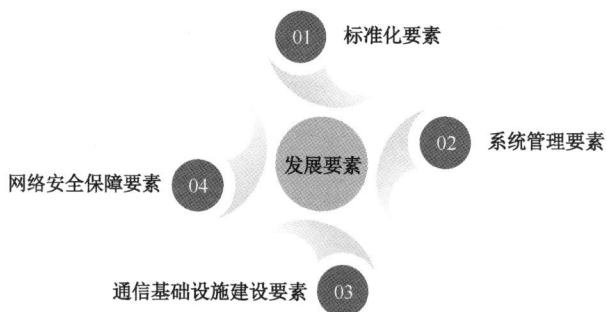

图 5-2　"工业 4.0"的发展要素

（1）标准化要素，即对工厂内外部的各种设备与服务进行联网处理，同时保证通信方式、数据格式等要素的标准化。德国成立了一个工作组，专门处理标准化方面的问题。

（2）系统管理要素。德国坚持实现"制造系统的横向与纵向集成"及"工程系统的端到端集成"，以促进信息的高效传递与管理，为实现大规模个性化定制提供相应的支持。

（3）通信基础设施建设要素。德国借助信息物理系统让制造过程中的各环节与技术深度融合，形成工业互联网，同时做好工业大数据的采集、传输、交互和共享等工作。

（4）网络安全保障要素。德国建立了完善的工业互联网信息安全认证体系，以更好解决恶意软件入侵、网络受到攻击等问题，保证价值链上的众多合作企业都可以安全互联。

3. 美国的智能制造战略

如果说德国吹响了"工业 4.0"的战斗号角，那美国则点燃了智能制造的熊熊火焰。美国提倡建立制造业与技术之间的联系，重塑工业生态系统，同时强调政府对制造业的宏观指导和顶层设计，希望让大型企业在制造创新方面为中小型企业起到引领作用。另外，美国打造了多层级人才培养机制，希望可以尽快培养出一批具备数字化素养的新型人才。

美国还提出了"再工业化"计划，并将其作为抢占高端制造业的跳板，以此来推动智能制造发展。"再工业化"计划的关键点主要有四个：技术与智能制造融合、高端制造与智能制造产业化、技术创新与智能制造产业支撑、中小型企业与智能制造发展动力。

从基础元器件到智能设备再到工业软件系统，美国的智能制造产业体系在逐渐完善。在基础元器件领域，美国有很多影响力极大的制造业巨头，如艾默生、霍尼韦尔等；在智能设备领域，美国也有 MAG、哈挺、哈斯、格里森等一批知名企业；在工业软件系统领域，知名企业 American Robot 为全球各国输送了大量高质量的工业机器人。

上述提到的一系列政策，再加上诸多知名企业的助力，有利于增强美国的创新能力，对提升美国在制造业的竞争力也起到了关键作用。

4. 日本的智能制造战略

日本的智能制造战略着重突出人工智能，制造了很多融合了人工智能的产品，包括应用于工厂生产线上的机器人、3D/4D 打印机器人、陪伴型情感机器人等。目前日本正在向"社会 5.0"发展，目的是进一步推进"互联工业"，在无人驾驶移动性服务、智能制造和机器人、工厂基础设施安保等重点领域寻求发展，以推动经济快速发展。

为了巩固和维持机器人大国的地位，日本制订了"机器人新战略"计划，并提出三大核心目标：成为"世界机器人创新基地"、成为"世界第一的机器人应用国家"、迈向"世界领先的机器人新时代"。日本积极推动大数据、人工智能、云计算等技术与机器人深度融合，将自己打造成机器人领域先行者，在全球范围内推动机器人持续发展。

智能制造是制造业发展的必然趋势。为了抢占先机、巩固市场地位，各国都在积极发展智能制造，并制定相应的智能制造战略。当然，制造业也因此而迎来了新一轮发展浪潮。

5.3 智能制造面临的 3 大痛点

制造业是实体经济的重要组成部分，更是一个国家综合实力和市场地位的体现。如今，随着数字化时代的发展，制造业要逐步、分阶段地实现数字化转型，坚定地走智能制造之路。但就目前情况来看，要想把这条路走顺，首先要了解并克服以下 3 大痛点，如图 5-3 所示。

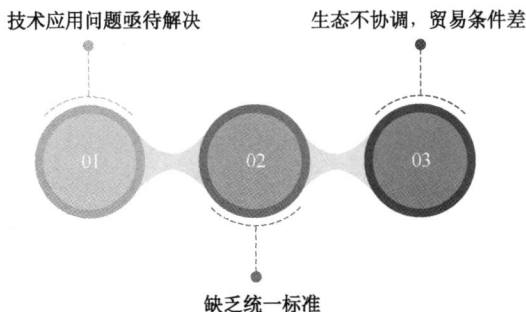

图 5-3　智能制造面临的 3 大痛点

1. 技术应用问题亟待解决

智能制造涉及很多技术，包括大数据、云计算、边缘计算、机器视觉、虚拟现实/增强现实、TSN（时间敏感网络）、深度学习等。这些技术看似很常见，但对于如何应用、如何取得实际效果等问题，很多企业往往不得而知。

而且很多企业缺少自主研发能力，不得不从其他企业引进技术。在引进技术的过程中，这些企业除了要花费大量成本，还只拥有技术的使用权，而不能拥有知识产权。因此，这些企业的很大一部分利润都作为知识产权费用支付给了技术输出企业。

在智能制造时代，技术是重要的，之前那种重生产、轻研发、忽视创新的发展模式已经不再适用。企业应该不断提升技术能力，积极探索物联网、大数据、人工智能等技术的应用场景，并重视技术研发工作。另外，企业也要及时进行工厂及生产过程的数字化改造，不断优化制造工艺，进一步加强信息与数据管理，争取为用户带去更好的产品和服务。

2. 缺乏统一标准

中国工程院制造业研究室特聘专家董景辰曾经公开表示，只有标准得到统一，智能制造的互联互通与信息融合才能顺利实现。如果智能制造缺乏统一标准，那就会产生一系列不良影响，例如，物联网应用标准杂乱导致智能设备不能兼容；企业内部信息系统标准杂乱导致数据无法集成等。智能制造的标准之所以比较杂乱，原因主要有两个。

（1）没有建立完整的智能制造顶层框架。

（2）技术发展路径比较模糊，不同厂商的智能设备兼容性差，不容易集成。

在这种情况下，企业有必要为智能制造制定标准，以便提升其规范性。海尔曾经发布了我国第一个智能制造解决方案平台 COSMO，该平台有效解决了智能制造标准杂乱、发展方向不清晰等问题。不仅如此，COSMO 还连接了企业和用户，凭借自己在互联互通、数据开放化、生产可视化等方面的作用，让用户参与到生产过程中。在 COSMO 的助力下，海尔率先实现了智能制造落地，成为其他企业学习和参考的范例，也加速了整个制造业的升级进程。

3. 生态不协调，贸易条件差

目前制造业存在一定的生态问题，例如，服务型制造企业的比例明显偏低；产品缺乏核心竞争力，附加值比较低；产品种类没有太多增加；贸易条件差等。以贸易条件差来说，很多国家为了保护自身利益，会制订严格的产品准入条件，或者采取特殊的贸易管理政策。这对企业走向海外会产生比较深刻的影响。

要想改善生态问题，企业就应该持续创新，不断加大研发投入，重视工人科技感和数字化能力的提升，积极主动地向已经成功的企业学习，自觉进行数字化转型。此外，企业还应该整合各种资源，加强信息、技术、培训等服务工作的管理，逐渐向多元化、智能化发展。

总之，在智能制造时代，企业应该寻求突破，尽力把自己从"制造新手"变为"制造强手"，解除产品同质化与低质化"魔咒"，在产业链和市场上占据优势地位。

5.4 着手转型：盘点价值链现状

对于制造企业来说，价值链的管理是企业经营发展的核心内容之一。盘点和分析企业价值链中的每个环节，通盘考虑数字化转型对价值链的影响，同时又要寻找最容易切入的环节，由此开始入手，由点及面，使价值链中的各个环节依托数字化技术实现网状互联，产生化学反应。随着数字化技术的不断发展，在新的智能制造生态下，技术的进步将会驱动整个价值链系统的转型升级。

传统的价值链呈现出明显的线性特征，从生产环节、物流环节到零售环节、营销环节与服务环节，各节点之间仅存在上下游之间的联系，联系较为松散。数字化技术能够支持价值链的各个节点之间实现以数字化为核心的互联互通，使传统的线性价值链向着动态发展的网状价值链体系演进。

数据具有无障碍流通与无缝对接的特性，这将使价值链的各个节点，能够根据数据的反馈对任一环节出现的问题进行实时调整与优化，从而使整个价值链体系对消费者的消费需求有着更加清晰与深入的了解，做出更加及时的反馈。

各种数字化技术也使价值链中的各个环节可以围绕着消费者的需求，开展更加个性化、精准化、高效化的运营，不仅能够使企业生产的产品更好地适配市场，还能够提升价值链的运行效率。

在应用篇的接下来几章中，我们将会沿着制造企业的产品传递到消费者这条典型的价值链拆解分析，即生产—物流—零售—营销—服务这几个价值链环节展开探讨各环节的数字化场景。

5.5　数据互联互通，推动制造转型

当企业发展到一定规模时，数据量也会随之增加。此时各部门会分别储存和管理自己的数据，导致数据无法被共享。久而久之，这些数据就会像一个个"孤岛"，没有任何关联。但数字化转型离不开数据，如果数据孤岛一直存在，那企业的数字化转型进程就会受到影响。要解决这个问题，企业可以引入智能系统，借助智能系统来打通数据，如图 5-4 所示。

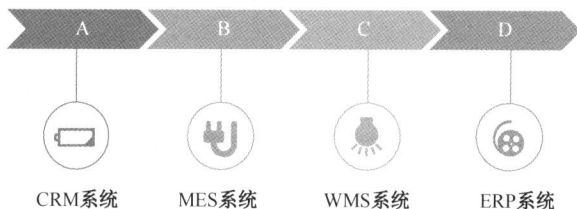

图 5-4　能够打通数据的 4 种智能系统

（1）CRM 系统。CRM 系统可以打通包括用户、经销商、工厂在内的多端数据，为企业建立协同管理平台，规范业务流程，加强销售对生产的促进作用，提升各环节的协同效率。

（2）MES 系统（Manufacturing Execution System，制造执行系统）。MES 系统有自动报价、工序自定义等功能，可以帮助企业变革传统的经验式经营，实现企业对制造过程的数据化管理。另外，该系统也可以采集和整合订单数据，从而帮助销售部门规范订单管理。

（3）WMS 系统（Warehouse Management System，智能仓储系统）。WMS 系统通过扫码的方式和其他部门的数据对接，帮助仓储人员及时掌握物料需求，防止出现停机待料的现象。这不仅可以提升仓储人员的工作效率，还能提升企业的库存周转率。

（4）ERP 系统（Enterprise Resource Planning，企业资源管理系统）。ERP 系统对打通数据的作用是最大的，它可以让财务部、生产部、采购部、销售部、物流部和仓储部等多个部门实现数据互通与高效协同，也可以在兼顾生产效率的同时，保证数据的完整性和准确性，从而使企业实现财务与业务一体化管理。

通过上述系统打通相关部门的数据后，企业的生产与经营就有了科学的决策依据，管理流程也会更规范。这样有利于优化资源利用效率，降低物耗和能耗，助力企业尽快实现数字化与智能化升级，进一步提升企业的核心竞争力。

打通数据不只是一个部门的事，而是需要各部门相互协同。企业只有通过智能系统连接采购、生产、质检、营销、物流、人力资源管理、财务等关键环节，并将这些环节的数据进行串联贯通，数字化转型才能更有效、更快速地完成。

在数字化时代，企业不仅需要打通数据孤岛，使各部门之间的数据实现互联互通，还需要实现生产数据自动化。

生产数据自动化，即生产数据在各环节自由、有序地流动。为了实现数字化转型，企业会对生产数据进行采集和分析，每台设备的实时状态和异常情况都可以被监控。另外，通过智能系统或智能设备，生产过程中的一些重要情况可以立即传达给相关负责人，以帮助他们实现透明化、实时化管理。

生产数据、设备、人之间的互联互通加速了智能制造的发展，在这方面，有些企业已经取得了非常不错的成果。以全球知名汽车零配件供应商采埃孚（ZF）为例，在其工厂中，每个工件或者装工件的盒子上都贴着 RFID（Radio Frequency Identification，射频识别技术）电子标签，这个电子标签记录了生产数据和产品信息，相关负责人可以随时随地查看。

采埃孚还将生产过程中的数据发布在网上让各部门共享，很好地解决了工人没有数据，无法实时监控生产进度的问题，同时也打破了困扰采埃孚多年的数据孤岛问题。新模式投入使用之后，采埃孚的库存情况和生产效率都有了极大改善。

在采埃孚的工厂中，智能机床也实现了互联。因为智能机床被计算机控制着，所以相关负责人能及时掌握其状态，包括开关状态、运行状态、加工状态和原料利用率等。当相关负责人有需求时，只要按一下按钮，与之相关的信息就会自动显示出来，整个过程非常透明。

借助数字化手段，生产数据可以互联互通，实体世界与虚体世界也可以融合在一起。对于整个制造业来说，这是非常有意义的。一方面，企业的生产模式逐渐走向智能化、集约化和柔性化；另一方面，数据互联互通为企业带来更多效益，推动制造业长久发展。

5.6　新时代产物：基于数字孪生的虚拟数字工厂

数字孪生是将人工智能、大数据、数字建模、虚拟仿真、VR（虚拟现实）、AR（增强现实）等多种相互依存的技术融合起来的统一应用。它将现实工厂中的各种生产要素、流程和系统映射到数字工厂中，使数字工厂就像现实工厂在数字化平台上的"双胞胎"。

数字工厂主要涉及三个环节：设计、规划和执行。

在设计环节，数字建模是关键。企业可以通过该技术为产品构建三维模型，从而降低人力、物力等方面的成本。与此同时，与产品相关的所有信息都会展现在三维模型上，并伴随产品的整个生命周期。这是实现产品协同设计和生产的重要保障。

在规划环节，虚拟仿真可以帮助企业布局生产线、安排设备、明确制造路径、调整和优化运行系统。例如，知名汽车制造企业大众旗下的斯柯达捷克工厂，就引进了虚拟仿真这项技术，以降低改进生产线需要花费的成本。此外，随着 VR、AR 与虚拟仿真的进一步融合，数字工厂的生产规划甚至增添了一种真实感和科技感。

在执行环节，数字工厂会将制造执行系统与其他系统相连，以确保所有数据始终保持同步，并实现及时更新。例如，假设某产品的原材料发生变化，那制造执行系统与其他系统中的相关数据会同步变化，制造执行系统也会自动实施解决方案。这样可以减少误工带来的损失。此外，制造执行系统还可以识别生产线上的零部件，从而实现智能化混线生产。

基于上述优势，数字工厂现在已经遍地开花，其中比较典型的代表是徐州工程机械集团有限公司（下文简称徐工集团）。在徐工集团的数字工厂中，云系统发挥了重要作用。云系统又称云 OS、云计算操作系统，主要由云计算和云存储两部分组成。云计算通过数据中心设置大量计算机服务器群，通过网络传输的方式为企业提供差异化应用；云存储通过对相关信息进行跨区存储帮助企业节省本地存储资源。

徐工集团还在数字工厂中设立了云车间，云车间里有一个调度系统，管理着所有数控单体设备和集群设备。例如，当车床完成产品加工后，调度系统会立刻收到信息，并自动安排相应的轨道把产品送到下一个工序，上一个工序也会通过轨道把产品送到车床上。另外，关于此产品的所有工序都会被记录在数据库中，包括什么时间在哪一台车床上完成了什么任务等。

在云车间的助力下，工人成为质检员，其主要职责是对所有产品进行质量检测。每个工人都配备了一个智能终端系统，此系统会显示今天需要完成的任务、生产线上的生产计划等。工人会根据调度系统发布的指令去现场检测产品，以判断产品是否合格。

数字工厂里的机器也充满了技术细胞，这些机器上有 GPS 定位系统、GPRS 无线通信系统和数据库自动识别系统等，将这些系统组合在一起，就构成了一个感知系统。以往机器出现故障时，相关人员需要将照片、视频发给工程师以对故障进行初步分析，整个过程会频繁地进行信息核对。而现在就不需要如此操作，因为机器上有条码，工程师只需要轻轻一扫，机器的所有重要信息都会显示出来，如客户信息、服务商信息、零部件研发与生产信息等。

在徐工集团的数字工厂中，维修方案的制订过程也十分快捷，基本就是瞬间自动完成。当远程诊断和后台知识库无法排除故障时，远在千里之外的维修服务中心会通过 GPS、手机定位找到距离故障设备最近的服务车和服务人员，并通过地图导航带领服务人员第一时间赶到故障地点，及时排除故障，真正实现由原来的被动维修变为主动检修。

现在是一个拼效率、讲质量的时代，企业都想用最低的成本生产出满足市场需求的产品。数字工厂力求自动化生产，减少人为干预，实现高度智能化。同时，让机器人负责繁重的体力劳动，帮助企业改善工作流程，也是数字工厂要达到的最理想状态。

5.7　人与机器如何互动协作是一个社会问题

随着技术对制造业的逐步深化，具备自动化、智能化的机器在智能制造中的应用将进入规模化阶段。例如，在车间中，焊接机器人、装配机器人等与业务场景融合的各种形态的机器或机械臂已经得到广泛应用，以至于 24 小时不停歇的自动化无人车间成为现实。在仓储间中，搬运机器人/车、分拣机器人等各类物流机器也已经广泛应用。这些机器将人从重复繁重的劳动中解放出来，使人可以做更高级、更具有创造性的工作，但同时也造成了一部分人的工作被机器替代。

据 MIT Technology Review 报道，麻省理工学院计算机科学和人工智能实验室主任丹妮拉·鲁斯（Daniela Rus）认为，目前的首要任务是探索人和机器合作的新方法，而不能一直为机器取代某些工作而感到担忧和恐慌。他认为，人和机器应该成为很好的合作伙伴。

麻省理工学院曾经做了一项研究，研究结果显示，如果人和机器一起工作，效率可以得到最高。因此，未来几年，经济学家、技术专家、政策制定者和企业最关心的问题应该就是"机器如何与人一起工作，从而实现真正的人机协作？"

人工智能、大数据、云计算和数字孪生等新一代技术有助于增强工人的制造能力，机器和智能软件则可以在定制与生产产品方面发挥非常大的作用。以雷柏为例，随着电商业务量的持续增长，雷柏的包裹分拣与配送等工作面临极大挑战，之前的人工模式已经无法满足短时限、大规模的分拣与配送需求。于是，雷柏引入了智能分拣配送系统，可以实现货物的精准投放，进一步提高配送效率。在智能制造解决方案中，工人作为智能分拣配送系统的操纵者，将承担起连接生产现场、作业区、分拣区和仓储区之间的桥梁作用。

随着中国人口红利的逐渐消失，工人短缺和劳动力成本上涨的问题也越来越突出，再加上有些企业希望可以尽快提升产品的质量和价值，这些都促使劳动密集型的传统制造业走上智能生产的道路。机器的应用可以有效缓解用工紧张问题，与此同时，生产过度依赖工人的状况也有了很大改善，这两点在长三角、珠三角地区体现得尤为明显。

当机器参与生产后，工人就不需要去做那些重复、危险、简单、烦琐的工作。所以在工厂中，工人的数量会大幅减少，但这对工人的素质提出了更高的要求。在短期内，机器还只能完成前端的基础性工作，而那些细致、复杂、高精度的后端工作仍需要工人来完成。

换言之，在数字化转型尚未成熟前，机器还不会完全取代工人，企业追求的应该是一种人与机器之间的有机互动与平衡。从某种意义上来说，智能制造的本质是人机协作，强调机器能够自主配合工人的工作，自主适应环境变化，最终推动企业实现数字化转型。

可以预见的是，融合了多种技术和智能系统的机器，将改变制造业的生产流程和生产模式，至于会对现有流程和模式造成多大的冲击，现在还是一个未知数。

但可以肯定的是，在这个过程中，企业和工人都需要面临各种各样的挑战，他们必须为此做好充分的准备。

5.8　海尔：打造全链路数字化制造体系

海尔集团是全球领先的知名家电品牌。2022 年 1 月，世界权威调研机构欧睿国际发布了 2021 年全球大型家电品牌零售量调查报告，报告中的数据显示，海尔的大型家电零售量位列全球第一，这也是海尔第 13 次蝉联全球第一。

海尔能有如此亮眼的成绩，与其数字化转型之路是分不开的。早在 2012 年，海尔便实现了用户的数字化管理；2014 年实现了客户经营数字化；2018 年实现了员工的数字化；2020 年推出数字化平台，实现了经营与发展模式的升级。有了数字化基础，海尔着力打造全链路数字化制造体系，并整合上下游合作伙伴，形成强大的数字化协同力。

要了解海尔的全链路数字化制造体系，可以从以下两个方面入手，如图 5-5 所示。

1. 灯塔效应推动智能制造发展

灯塔工厂由达沃斯世界经济论坛和麦肯锡共同筛选，代表智能制造和制造数字化的最高水平。截至 2023 年 1 月，在全球范围内，灯塔工厂的数量达到了 132 家，而我国有 50 家，占比超过 1/3。我国的灯塔工厂以海尔为代表。

截至 2023 年 1 月，海尔已经获得 6 个灯塔工厂席位。2018 年，海尔青岛中央空调互联工厂成为空调行业的第一家灯塔工厂；2020 年，海尔沈阳冰箱互联工厂成为冰箱行业的第一家灯塔工厂；2021 年，海尔天津洗衣机互联工厂成为洗衣机行业的第一家灯塔工厂；2022 年，海尔郑州热水器互联工厂成为热水器行业的第一家灯塔工厂；青岛海尔冰箱互联工厂是行业首家"智能+5G"互联工厂应用标杆。2023 年 1 月，合肥海尔卡奥斯智控互联工厂成为国内首座智能控制器行业的"灯塔工厂"。

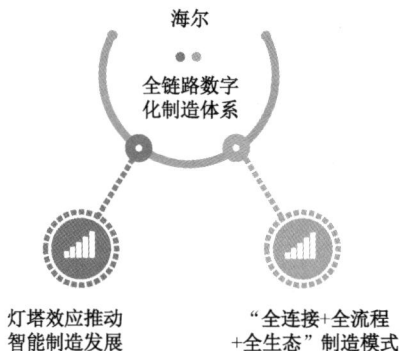

图 5-5　海尔的全链路数字化制造体系

海尔的灯塔工厂依托卡奥斯工业互联网平台，积极探索大规模定制模式，可以满足用户日益增长的对产品多样化的需求，也能实现企业、用户、生态资源的共享。以最新入选的海尔郑州热水器互联工厂为例，该工厂利用大数据、边缘计算、超宽带解决方案，与供应商、工厂、用户建立了非常紧密的联系，订单响应速度和生产效率都有了极大提升。

通过数字孪生等新一代技术，郑州热水器互联工厂还可以进行产品仿真研发，并推动了供应链数据共享、生产过程自动调度、端到端智能制造的实现。在工厂内部，机器人、智能自动化系统、视觉识别检测设备随处可见，真正向外界展示了优秀灯塔的魅力。

2. "全连接+全流程+全生态"制造模式

"全连接+全流程+全生态"制造模式让海尔的发展形态发生了很大变化。在全连接方面，海尔将生产数据连接在一起，保证了生产环节的透明性和可控性，工人可以对各环节的工作进行智能调度，从而进一步提升产品质量和生产效率。

在全流程方面，海尔通过人工智能、数字孪生等技术的应用，实现了敏捷管理，使自己的运营决策更有预见性。另外，在数字化工作台的助力下，设计、生产、质检和产品交付等全流程都可以协同发展，个性化设计、柔性生产、智能质检和精准交付也都将成为现实。

在全生态方面，海尔开发了卡奥斯工业互联网平台，聚焦 AIoT 数字化创新力、采购资源配置力、大规模定制订单赋能力，形成"与大型企业共建生态，与小型企业共享数据"的生态模式，以此来推动数字产业化与产业数字化。

2022 年 5 月，工信部公布了 2022 年跨行业跨领域工业互联网平台名单（简称"双跨"平台名单），卡奥斯超过航天运往、树根互联等机构，名列第一，名单如图 5-6 所示。

单位名称	平台名称
海尔卡奥斯物联生态科技有限公司	卡奥斯 COSMOPlat 工业互联网平台
航天云网科技发展有限责任公司	航天云网 INDICS 工业互联网平台
徐工汉云技术股份有限公司	汉云工业互联网平台
北京东方国信科技股份有限公司	东方国信 Cloudiip 工业互联网平台
树根互联股份有限公司	根云工业互联网平台
浪潮工业互联网股份有限公司	浪潮云洲工业互联网平台
用友网络科技股份有限公司	用友精智工业互联网平台
重庆忽米网络科技有限公司	忽米 H-IIP 工业互联网平台
阿里云计算有限公司	阿里云 supET 工业互联网平台
浙江蓝卓工业互联网信息技术有限公司	蓝卓 supOS 工业互联网平台
上海宝信软件股份有限公司	宝信 xIn'Plat 工业互联网平台
深圳市腾讯计算机系统有限公司	腾讯 WeMake 工业互联网平台
华为技术有限公司	华为 FusionPlant 工业互联网平台
富士康工业互联网股份有限公司	富士康 Fii Cloud 工业互联网平台
北京百度网讯科技有限公司	百度开物工业互联网平台
湖北格创东智科技有限公司	东智工业应用智能平台
广东美云智数物联科技有限公司	美擎工业互联网平台
科大讯飞股份有限公司	讯飞 TuringPlat 图聆工业互联网平台
朗坤智慧科技股份有限公司	朗坤苏畅工业互联网平台
山东蓝海工业互联网有限公司	蓝海工业互联网平台
橙色云互联网设计有限公司	橙色云工业产品协同研发平台
天喻集团信息科技有限公司	天信工业互联网平台
中电工业互联网有限公司	中电云网 BachOS 工业互联网平台
江苏中天互联科技有限公司	爱尚（ASUN）工业互联网平台
广域铭岛数字科技有限公司	广域铭岛-际嘉工业互联网平台（Geega）
华润数科控股有限公司	润联 Resolink 工业互联网平台
京东科技控股股份有限公司	京东 JD 工业互联网平台
摩尔元数（福建）科技有限公司	摩尔云工业互联网平台

图 5-6　"双跨"平台名单

卡奥斯工业互联网平台致力于把数字化转型能力与实践经验进行输出，目前已经孕育出多个行业生态，连接了 90 多万家企业。海尔借助卡奥斯工业互联网平台不断向合作伙伴传递关键信息，持续创造生态价值，从而将自己打造成为数字化转型的先行者。

随着时代的不断进步，以海尔为代表的智能制造先锋将在数字化转型方面发挥更重要的社会价值，承担更大的社会责任，争取为制造业的发展和成长提供强大动力。

第 6 章

生产转型助力效率提升

制造产业经营活动中，最重要的环节之一就是生产环节。数字化技术将为制造企业的生产转型注入新的活力，助力企业效率提升。从产品研发到生产、质检、流通的一系列环节，数字化手段能够贯穿供应链全链条，实现降本增效，助力企业主体在生产数字化转型过程中提升核心竞争力，更好地直面挑战，抓住发展机遇。

6.1 研发环节：用大数据挖掘需求

很多企业之所以破产倒闭，其实原因都可以归结为远离用户，即没有充分挖掘用户的需求。过去，企业通过市场调查、与用户面对面沟通、发放调查问卷等方式对需求进行分析和洞察。而随着技术的不断进步，有些企业开始借助大数据来完成这项工作。

例如，eBay 作为全球知名拍卖网站，早就意识到大数据的价值和作用，并开始搭建数据分析平台，对用户的行为进行跟踪。现在 eBay 每天都要处理大量数据，同时还要深入分析这些数据，从而更准确地预判用户的购物行为。这就好像在用户面前安装了一个"摄像头"。

数据分析平台不仅记录了用户的日常交易信息，还记录了用户的每一次浏览过程。eBay 可以从成百上千种情景模型中计算出用户可能会有的需求，也可以通过数据分析了解用户的年龄、浏览时间、评论历史、所处地点等信息，并借助数据平台对这些信息进行匹配。这样 eBay 就可以更深入地了解用户，从而有针对性地进行产品研发、营销和迭代。

企业应该如何利用大数据挖掘用户的真实需求？方法如图 6-1 所示。

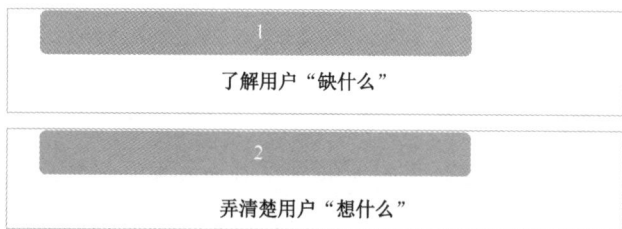

1
了解用户"缺什么"

2
弄清楚用户"想什么"

图 6-1　如何利用大数据挖掘用户的真实需求

1. 了解用户"缺什么"

需求的产生是因为"缺"，用户正是因为"缺"某样东西，所以才会想要这样的东西。技术的不断发展让用户成为可移动的终端数据传感器，他们每分每秒都在创造数据。在这种情况下，用户的任何动作，包括购买了什么产品、在哪里购买的产品，甚至产品的原材料来自哪里，都有可能被挖掘和分析出来。这些信息在产品研发过程中起到了关键作用。

全球知名食品品牌卡夫总结出用户购买食品的三个关注：健康、素食主义和安全，并发现孕妇对叶酸的特殊需求。在此基础上，卡夫调整了食品配方，在配方中加入了很多健康元素。与此同时，卡夫还研发出适合孕妇的食品，顺利打开了孕妇市场，销售额大幅度增加。

2. 弄清楚用户"想什么"

企业所做的各种预测，包括需求预测、用户满意度预测等都是建立在对数据进行统计与分析的基础上。如今，储存数据越来越容易，预测用户的心理和下一步行为也变得更简单。借助储存下来的数据，企业可以洞察用户、了解用户的想法，并据此研发和改善产品。

此外，企业要想研发出受欢迎的产品，还有非常重要的一点是具备同理心，即弄清楚用户有什么问题、面对什么挑战，或者想要抓住什么机会。基于这些理解和直观的数据，企业可以快速生成一些研发创意，并在用户中进行测试，寻求反馈，然后根据反馈不断优化最终产品。

企业还可以借助数据做出价格与销量分析图，以弱化价格的被动性。假设某类产品在价格为 25～30 元时销量最好，而在当前市场上，这个价格的产品的功能和用途基本相似。此时企业就可以结合用户的需求，突出产品的差异性，从而使自己的产品在此价格段中脱颖而出。

综上所述，企业应该做的是从用户的角度发现问题，分析用户的核心需求，帮助用户解决痛点，从而了解什么样的产品能吸引用户的注意力，以及什么样的功能可以让产品快速推向市场并实现盈利。这些都可以在大数据的基础上，通过市场情况反推出来。

6.2　根据用户偏好做个性化设计

众所周知，产品最终是服务于用户的，所以用户对产品的看法和体验非常重要。这就要求企业必须重视用户，根据用户偏好设计产品，实现双方的协作共赢。那么当今社会，用户偏好究竟是什么？此问题值得所有企业思考和分析。

其实随着社会的不断进步，极大丰富了人们物质的生活，很多用户都开始追求更高层次的需求和更有个性的高质量产品。为此，企业要创新产品设计模式，提供给用户更大的自主权，使用户可以在设计过程中满足自己极具个性化的审美情趣和爱好。

知名运动品牌 Nike 很早就推出过个性化定制业务，该业务被命名为"Nike ID。用户可以在 Nike 官网上对自己喜爱的球鞋、服装、运动配件进行个性化设计，通过选择自己喜欢的颜色和材质，加入个性化 logo，设计出一款专属于自己的独特产品。

在向往自由、追求与众不同的时代，个性化设计很受欢迎，但对于企业来说，实现个性化设计的大规模商业化，难度是非常大的。而要解决这个问题，企业可以修炼下几种能力，如图 6-2 所示。

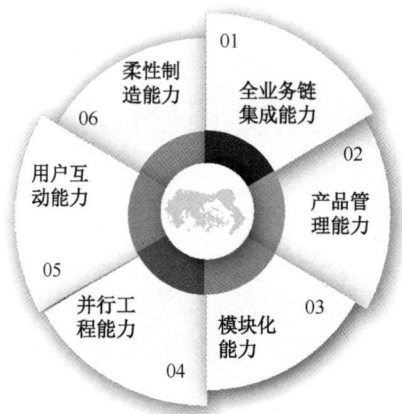

图 6-2 企业实现大规模个性化需要具备的 6 种能力

1. 全业务链集成能力

大规模个性化设计是以用户为中心的设计模式，所以企业的一切业务都必须围绕用户展开，且应该全流程无障碍运行。例如，与设计息息相关的研发、生产、采购、物流、销售等环节必须充分融合，以确保产品从初创造到交付的过程都不偏离用户的喜好和需求。

2. 产品管理能力

个性化设计会产生大量不同的产品规格，如果企业没有足够强大的产品管理能力，那每一款产品都要从头开始设计，由此带来的巨大成本通常是企业难以承受的。因此，通过不同的设计组合来满足用户的个性化喜好是一个必然途径。

3. 模块化能力

模块化是指在传统分工的基础上将产品各部分按照功能分解并重新聚合的过程。这些被分解的模块可以被独立地设计、生产，然后再被重新组合成新产品。这充分满足了个性化定制的需求，而且整个过程的效率会比较高。

4. 并行工程能力

并行工程是集成地、并行地设计产品，目的是提高质量、降低成本、缩短产品上市时间。并行工程对个性设计的意义在于它可以加速产品迭代，使产品更精准地满足用户的所思所想。

5. 用户互动能力

满足用户的特殊喜好是个性化设计的难点之一。有些设计完全在企业的生产准备范围之外，而且企业的技术匹配性、安全性等难以达到用户提出的条件。这时企业就应该建立一个良好的互动环境，打造可以让用户发表想法和设计要求的平台，更紧密地连接用户和设计者。

6. 柔性制造能力

柔性制造是一种与单一大批量生产相对的制造模式，可以细分为以下 6 个方面。

（1）机器柔性：机器设备具备随产品变化而加工不同零件的能力。

（2）工艺柔性：具备系统根据原材料变化而确定不同工艺流程的能力。

（3）产品柔性：产品更新后，系统不仅能兼容老产品，还具备能迅速生产新产品的能力。

（4）生产能力柔性：生产量改变后，系统具备能及时找到成本最低的运行方式的能力。

（5）维护柔性：系统能采用多种方式找出故障，具备保证生产正常进行的能力。

（6）扩展柔性：生产需求改变后，系统具备能快速调整生产模块结构的能力。

有了符合用户要求的个性化设计，接下来就要为这些设计提供相应的生产能力。在数字化时代，备受关注的柔性制造可以将用户心仪的设计完整、精准地复刻出来。

6.3 技术与生产融合，效率不断提升

现在对于很多企业来说，将技术与生产融合在一起是进行数字化转型的一个必选项。它不仅可以减轻人工的压力，还可以提高生产效率，保证产品质量。在生产过程中，5G、云计算、大数据、人工智能和数字孪生等技术都发挥了不可忽视的作用。下面以数字孪生为例，从生产计划优化、设备运维和产品测试等环节入手，分析技术与生产融合的价值和优势。

1. 生产计划优化

企业可以借助数字孪生复刻一个与实体工厂相连的虚拟工厂，如图6-3所示，并与虚拟工厂中的设备进行实时互动，从而更直观、便捷、高效地优化生产流程。企业还可以通过数字孪生模拟实体工厂的生产设备摆放、生产线安排等情况，以便提前检验资源配置的合理性。

此外，实体工厂出现的任何变动，也都可以在虚拟工厂中进行模拟。这样相关人员可以更精准地预测产品生产状态，从而进一步完善生产计划。例如，宝马就引入了英伟达打造的Omniverse平台，对30多座工厂的生产计划进行调整，极大地提升了自身生产效率。

图 6-3　工人在虚拟工厂中

2. 设备维护

很多企业会通过大数据、人工智能等技术对设备进行预测性维护，现在这项工作也可以由数字孪生来完成。数字孪生打破了空间和时间限制，进一步提升设备维护的响应效率，可以使设备得到更迅速、高质量的维护。例如，在数字孪生打造的虚拟工厂中，维护人员将不再受到地域限制，即使他们身处异地，也可以在设备出现问题时对设备进行远程维护。

如果设备出现解决难度大、复杂程度高的故障，那各地维护人员可以通过数字孪生在虚拟工厂中汇合，一起讨论并制订解决方案，从而提升维护效率，让企业更快地恢复生产。

3. 产品测试

企业通常要在产品上市前对产品进行测试，数字孪生能够为企业提供一个虚拟空间，让企业提前测试产品的性能。另外，企业还可以在虚拟空间与现实世界中对产品进行同步测试，从而更充分地感受产品的内外部变化，进一步提升测试效率。

例如，智能芯片由于工艺精密、对安全性要求高等原因，测试流程往往十分复杂、严苛，而且必须满足多项行业标准。数字孪生可以为智能芯片提供虚拟空间，让企业以较低的成本对智能芯片进行测试，提升智能芯片的测试准确性。

除了数字孪生，人工智能、大数据、云计算、物联网和工业互联网等技术都可以与生产融合，并对整个生产流程产生深刻影响。例如，人工智能可以及时识别人员行为和生产场景，从而快速找出风险因素，保证生产过程安全可控；云计算打破了人、机、物之间的数据孤岛，将生产环节连接在一起，实现真正的全方位协同智能。

如今很多技术被应用到生产过程中，生产变得更智能，人、机、物之间开始互联，新的生产模式也在不知不觉中逐渐形成。这些都驱使企业去重新思考如何引入技术，以便更高效地生产出受用户喜爱的个性化产品。

6.4 360°监控，生产也能精益求精

随着数字化转型的建设与发展，企业对生产的精益度提出了更高的要求。而要提升生产的精益度，监控就必须是360°无死角的。

采用计算机视觉技术、模式识别与图像处理等技术的智能监控系统，在传统的监控系统中加入智能分析模块，通过计算机强大的数据分析与处理能力，具备将监控视频中的干扰信息进行智能过滤、自动识别不同物体、对监控视频中的关键性信息进行分析提取、实现360°无死角监控的效用。

在制造企业的生产车间中，智能监控系统能够帮助工人判断监控视频中是否存在异常情况，精准快速地定位故障发生现场，并及时发出警报。这有助于车间工人做好生产环节的事前预警、事中处理与事后经验总结，对生产车间进行全天候、全角度、全自动的实时智能监控。

对于制造企业来说，智能监控系统的应用能够极大程度上提升生产质量，在这方面，一汽—大众汽车有限公司（以下简称一汽—大众）是很有代表性的案例。

从产品研发到产品生产，再到产品测试，一汽—大众通过数字化手段将这些环节连接在一起，打造了一个涵盖提前预警、生产过程把关、设备维护等多项功能的全链条监控体系，实现了产品质量的螺旋式上升，有效避免了残次产品流向市场，极大地加强了生产管理。

在生产过程中，一汽—大众需要监控多款车型和上千个核心零部件（每个零部件大约有 30 个要素）。智能监控系统会 24 小时不间断地监控这些车型和零部件，同时还会对上千家供应商的设备进行数据采集，帮助供应商持续提升生产过程管理能力。

一汽—大众曾经通过智能监控系统识别出某供应商的 ABS（Antilock Brake System，制动防抱死系统）烘料温度出现异常，很可能导致材料变形。于是，通过系统的自动预警功能，相关人员迅速联系供应商调整温度，避免了质量问题的发生，而且整个过程只用了不到 6 分钟。

高度自动化的智能监控系统为一汽—大众车间的互联互通奠定了基础。目前一汽—大众车间已经实现了工业无线网络全覆盖，工人只需要坐在屏幕前，借助智能监控系统传输过来的画面，就可以实时了解生产情况，采集并分析生产过程中的数据，如焊接、涂胶、螺栓等工艺的生产数据。在智能监控系统中，本来零散、孤立的环节被打通并整合，便于工人掌握大局。

对于企业来说，数字化转型是一件一直要坚持的事，而 360° 监控则是完成这件事的一个重要环节。智能监控系统引领下的车间致力于减少人为操作，实现高度自动化。这样可以突破传统监控的弊端，帮助企业在数字化转型发展之际实现厚积薄发。

6.5 引入 3D、4D 打印，制造更便捷

一千多年前，2D 的活字印刷问世，人们可以将文字"复制"到纸上。后来 3D 打印出现，人们可以打印立体的物体，如一个立体的小摆件，如图 6-4 所示。

图 6-4　3D 打印小摆件

目前很多处在数字化转型阶段的企业都引入了 3D 打印，该技术可以像搭积木一样，将产品一层一层地制造出来。接下来就详细介绍一下 3D 打印的设计原理，如图 6-5 所示。

图 6-5　3D 打印的设计原理

1. 原理一：通过扫描物体建立打印模型

企业如果想 3D 打印产品，需要先通过扫描，把与产品相关的数据全部输入

到计算机中。这和二维扫描仪比较相像，但设计难度有很大差异。3D 打印机通常由控制组件、机械组件、打印头和耗材等组成，在打印前会在电脑上设计一个完整的三维立体模型，然后再进行输出。

2. 原理二：分层加工

三维立体模型建立起来后，3D 打印机会在需要成型的区域喷洒一层特殊胶水，胶水液滴本身很小，且不易扩散；然后喷洒一层均匀的粉末，粉末遇到胶水会迅速固化黏结，而没有胶水的区域仍保持松散状态。这样在一层胶水、一层粉末的交替作用下，实体模型将会被"打印"成型。打印完毕后，工人只要扫除松散的粉末即可"刨"出模型，而剩余粉末还可以循环利用。需要 3D 打印的产品就这样在一步步地分层加工中逐渐成型。

近几年，在 3D 打印的基础上，4D 打印横空出世。4D 打印增加了时间维度，可以让物体在离开打印机后，根据外界环境的变化自动调整形状。从前面提到的2D 印刷到 4D 打印，技术在不断升级，最终的成品也更接近真实物体的立体形状，如图 6-6 所示。

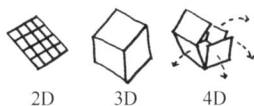

图 6-6 从 2D 印刷到 4D 打印

与 2D 印刷和 3D 打印相比，4D 打印给企业的制造过程带来了更多可能性。举例来说，有了 4D 打印，企业也许可以先在打印机中打印面积比较小的产品，然后再让它们随着时间的推移自行扩张，最终组装成一个完整的可以上市的产品。

阿迪达斯曾经借助 4D 打印机，结合大量运动数据，用智能材料（可以根据外界因素改变自身形状的材料）研发出 4D 中底科技跑鞋 4DFWD，如图 6-7 所示。该跑鞋让喜欢跑步的用户感受到了极强的科技感，也看到了 4D 打印在制造领域的更多可能性。

图 6-7 阿迪达斯跑鞋 4DFWD

融合了 4D 打印的 4DFWD 将跑鞋做得更轻、更软，也为用户提供了更好的上脚体验。穿着 4DFWD 跑步的用户可以感受到一股向前的推动力，因此在跑步过程中会更轻松。此外，4D 打印让 4DFWD 的鞋底可以瞬间回弹，从而起到防止脚踝等关节受伤的作用。

相信在不久的将来，在全球范围内的各个国家、政府、学术界等高端领域的联合下，3D 打印、4D 打印技术在人们日常生活中的各个领域都可以得到充分的应用。同时还有工业互联网技术的加持，也能让 3D 打印、4D 打印技术实现质的飞越。

6.6 应急管理：通过现代化手段防范于未然

在很多行业，如化工行业所用原料都有易燃、易爆、有毒或强腐蚀性等特性，从而导致这些行业在生产过程中存在一定的安全隐患。数字化时代的应急管理就成为这些行业重要的风险控制手段。数字化应急管理往往采用模块化设计，是对传统应急预案的升级。

依托感知网络、大数据、物资管理系统等软硬件，数字化应急管理将打通各层级、部门、单位之间的壁垒，确保人员职责明确，实现企业内部联动、预案瞬间启动的目标。数字化应急管理可以在事故发生时，按照预先设计好的应急方案处理事故，减少生命与财产损失。

数字化应急管理具体可以从以下三个环节说明，如图 6-8 所示。

图 6-8　数字化应急管理的三个环节

1. 事故预防

通过 IOT 数据及智能系统的应用，在生产过程中能够自动辨识危险并及时发出预警，做好前期预防工作，降低事故发生的概率。同时利用大数据和虚拟仿真技术模拟事故后果并进行分析处理，为可能发生的事故提供应急预案。

2. 应急处理

传统培训大多利用文字、视频等形式对员工进行科普，但以这种形式进行的培训知识留存率极低。据马里兰大学的研究表明，VR 等互动型新技术能有效提高知识留存率。因此，企业可以利用 VR 等技术进行应急预案演示，通过智能系统向员工科普消防相关知识，把演练配合作为宣传教育的重点，提升员工的应急处理能力。一旦事故发生，员工也能够快速处理，将事故扼杀在萌芽状态。

3. 抢险救援

当事故发生时，应急管理系统能够实现一键报警，将现场信息即刻传递给相关员工。同时，指挥中心可以通过烟雾传感器、温度传感器、水位传感器及附加监控等设备调取感知数据，明确事故所在地的周边信息，如人员情况、救援力量分布、周边环境等。以此为依据进行综合救援判断，为应急救援工作的开展提供技术支持与数据保障。

数字化应急预案依托现代技术手段，能够充分调动一切有生力量，通过采取有效措施，更加科学高效地处理生产过程中可能或已经出现的紧急情况，也能够有效保护员工及周边居民的人身及财产安全，使各种损失降至最低。

某企业充分认识到应急管理对企业发展的重大意义，推出数字化应急预案的智能管理平台，以实现对突发事件的全生命周期支持。该智能管理平台能够针对应急预案进行编辑、调用执行与完善，在充分发挥出应急预案对于突发事件的应对作用的前提下，使企业的应急预案在执行的过程中不断得到完善，始终保持实用性与先进性。

该企业还针对数字化应急预案智能管理平台提出预案模型概念，即针对某一类特定突发事件，建立数字化的预案模型，实现对应急管理工作的流程化管理。通过建立预案模型，该企业能够汇集起大量关于应急案例、应急知识、应急资源、应急任务与应急组织等相关数据，并为预案模型配置不同种类的服务，包括外部系统接口、图像接入服务、GIS 服务和通信服务等。

基于这一数字化应急预案智能管理平台，当发生突发事件时，该企业的应急预案模型能够提供最符合情境的应急处理方案，并在最短时间内加载出应急处理所需的应用服务与基础数据，实现快速响应。并且，该模型在突发事件发生的事前、事中、事后，能够采取具有针对性的应对方式，使应急管理工作有序开展，具体如图 6-9 所示。

在处理突发事件的过程中，该企业的应急预案智能管理平台还有以下 4 点优势，如图 6-10 所示。

通过统一高效的指挥调度，该企业的数字化应急管理平台能够实现对突发事件相关数据的高效融合共享。在统一中心的信息管理流程下，企业资源高度可视化，提高了资源调配、事件处理的效率。并且，在完成突发事件的处理后，工作人员将会对相关信息进行归档处理，使之成为企业处理突发事件的经验资源，能够使企业在后续发展过程中，不断完善并提高对突发情况进行综合研判、智能决策的能力。

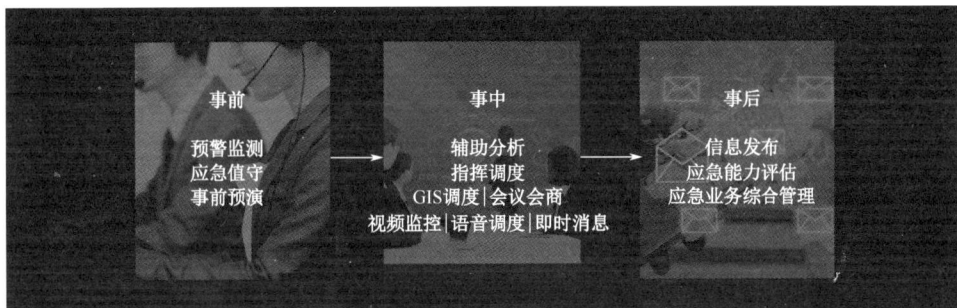

图 6-9　某企业数字化应急预案模型的具体应对方式

图 6-10　某企业数字化应急管理平台的 4 点优势

6.7　数字化技术赋能质检体系

在企业发展过程中，产品质量是企业提高自身核心竞争力的重要因素，同时也是消费者最为关心的问题。产品整个生产过程精密而复杂，影响因素众多，质量检测是关乎产品质量控制的重要环节。

随着各种数字化技术的高速发展，传统工业质检的痛点逐渐凸显：

① 传统的人工质检方式存在个体差异，每个质检员的检验标准可能都无法完全统一，并且存在视力疲劳等主观因素的干扰，产品的微小瑕疵难以被识别出来。

② 人口红利消失，工作内容的枯燥性与薪资待遇低的问题使岗位吸引力不断降低，质检行业从业者越来越少。

③ 人力资源存在一定不可控因素的存在，常常出现工作人员因为请假无法到岗，难以及时完成作业的问题。

此时，基于数字化技术的智能质检不断发展，正在成为推动制造业智能化实践的杀手级应用。质检的效率与精确度，与企业生产效益直接挂钩。对于企业来说，发展数字化、智能化质检不仅是提高质检效率和质检精确度的选择，也能实现企业技术革新、降低人力成本、提高生产效率。在数字经济时代，数字化质检还能使企业在协同发展中受益，并获得新活力。

数字化质检的原理是通过计算机视觉算法来检查产品缺陷，这对图像识别算法的效果、以及算力性能要求较高。昆仑芯科技是百度旗下的子公司，深耕人工智能行业十余年，主打产品是大算力 AI 芯片，该芯片非常适用于人工智能算法运算，能获得较好的性价比。同时，依托百度强大的 AI 生态，昆仑芯也积累了大量工业级质检算法和解决方案。

当产品经过流水线时，传统方式都是人工用肉眼去检测是否有缺陷，拿起一个产品检查至少需要好几秒钟，且特别费眼。昆仑芯提供的数字化工业生产流水线，如图 6-11 所示。

昆仑芯提供的方案是通过相机和光源阵列，从各个角度拍摄产品，通过深度学习算法做图像处理和识别，判断产品上有无缺陷，如果有缺陷就丢弃。

该方案是全自动化的，无需人工干预，可以在一秒之内完成，极大提高了工业质检的效率。在部署有昆仑芯的智能工厂，算法机器可以同时处理 24 个模型，完成全部复杂的检测流程仅需 480 毫秒。

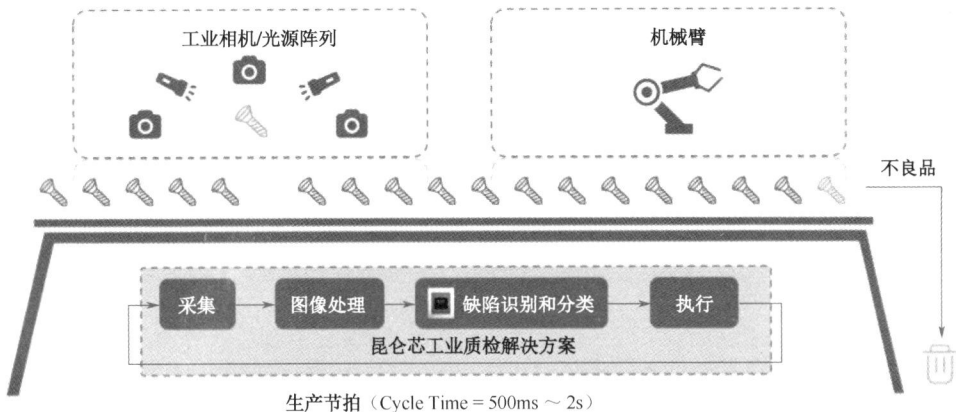

图 6-11　数字化工业质检示意图

　　一个典型的数字化质检系统方案如图 6-12 所示。这种设计对客户原有系统的侵入非常小。客户已有的东西，包括软件、运动模组以及控制模组等，均无需改变。

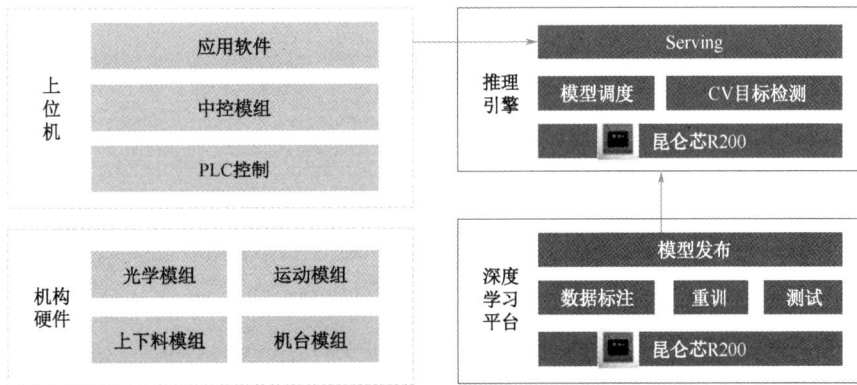

图 6-12　一个典型的数字化质检系统方案

　　客户在应用软件中，只需改变 AI 相关的算法引擎的调用关系即可。这一套系统方案是直接部署在生产线上的，包含了推理引擎和深度学习平台，把模型的重训、测试及发布的全流程打通。

　　该平台上有一套数据标注系统，产线工人可以使用这套工具在生产线现场很方便地做图片标注，方便地在产线直接做高频的模型迭代，以适应产线上不同的产品，即使有新产品上线之后也可以快速自行训练出合适的深度学习模型并快速部署起来，自动发布到产线上。

　　上汽大众汽车有限公司（以下简称上汽大众）同样也在其生产基地中部署了数字化质检系统，在它的自动化生产基地中，就有超过 1400 台工业质检机器人被投入使用，高度自动化生产使整个工厂实现了互联互通。在数字化系统中，生产过程中所有零散的数据都被收集整合起来，为后续的质量监测打下基础。

　　同时，在车身生产车间还设置了上汽大众全球首个 At-line 测量工位，如图6-13 所示，能够使用测量机器人作业，对车身进行视觉在线检查。检测数据被同步上传到智能系统中，当出现质量问题时，相关生产环节的工作人员便可以根据数据精准定位是哪一环节出现的问题并及时解决问题，能够严格把控生产质量，使产品质量始终维持在较高水平。

图6-13　测量机器人进行车身检查

　　在企业的质检环节进行数字化转型之后，曾经的人工普检转变为由机器筛查后的复检，同时，数字化质检不仅更加精确，而且能够使质检员不再从事以往繁重的人工质检工作，转为帮助智能云质检设备在产品图片中标注出存在的缺陷，将质检员长时间的工作经验转化为数据，使人工智能掌握辨别产品缺陷的能力。

　　数字化质检能够解决企业某个特定生产环节或者某条单一生产线出现的问题，智能技术的应用更是企业由粗放型生产向精细化生产转型进行的积极探索。机器视觉赋能质检体系将持续提高检验工作的效率，优化企业生产环节，为企业带来高额回报。未来，数字化质检应该逐渐向全产业链进行延伸，实现整个行业的提质增效。

第 7 章

物流转型提升周转效率

物流被称为企业的"第三利润源泉"。如今,因为要缩短交货期、提高运输质量、降低成本、改进供应链水平,所以企业越来越将物流视为提高盈利能力和创造竞争优势的关键所在。在这种情况下,通过技术手段加速实现物流体系转型变革成为了当务之急。

7.1 思考:传统物流有哪些弊端

从 2010 年开始,物流业整体呈现出一片繁荣的景象。但在这种繁荣的景象背后,不得不提传统物流存在的弊端,具体如图 7-1 所示。

因此,各大企业的当务之急就是,实现物流智能化,重构整个物流产业链,完成降本增效,进而有力推动中国智能制造战略快速落地与企业的转型升级。

1. 物流活动分散,运作效率低

物流业在中国形成并发展之初,大部分企业对其作用的认识和了解很有限,管理观念也十分落后。20 世纪 50 年代以前，企业的采购、运输、仓储等工作分散在各个部门，由各个部门分别管理，各项流程相互独立，导致无法准确把握和控制物流成本。

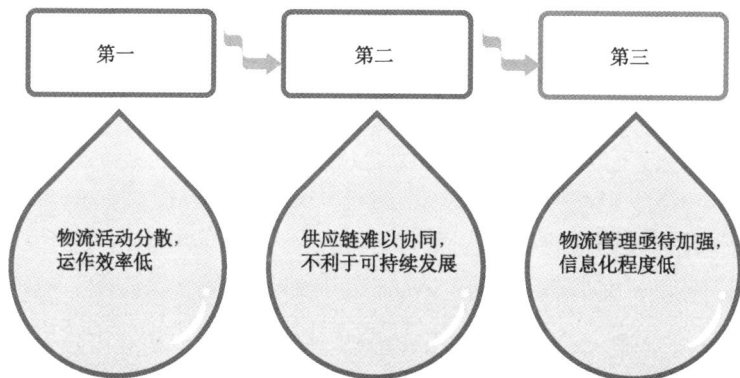

图 7-1　传统物流存在的弊端

数字化时代，企业必须能打破传统的分项式管理，将内部所有环节综合起来考虑。从原材料采购到产品的交付，整个过程应该是一个整体，企业必须寻求各项功能的最优组合，真正让企业从物流中受益。

海尔打造了物流管理的"一流三网"。"一流三网"充分体现了现代物流的特点："一流"是以订单信息流为中心；"三网"分别是全球供应链资源网络、计算机信息网络和全球配送资源网络，"三网"同步运行，为订单信息流的增值提供支持。

得益于物流技术和计算机信息管理的支持，通过 3 个 JIT（即 JIT 采购、JIT 配送和 JIT 分拨物流），海尔实现了物流管理的同步。所有的供应商都通过海尔的采购平台在网上接受订单，将下达订单的周期由原来的 7 天以上缩短到 1 小时以内，准确率高达 100%。除此之外，供应商还能在网上查询库存、配额、价格等信息，及时发现缺货，实现精准采购。

海尔对自己的物流体系进行了全面改革，从最基本的物流容器单元化、标准化、集装化、通用化开始，到原材料搬运机械化，再逐步深入到工厂的定点送料、日清管理，实现了库存及资金的快速周转，完成数字化物流管理。

2. 供应链难以协同，不利于可持续发展

物流的供应链由原材料供应商、制造商、分销商、零售商和物流服务提供商等共同组成。但在多数情况下，供应链是由制造商主宰的，但制造商过分强调博弈，很少考虑双赢或多赢。因此，现在形成的供应链关系是竞争大于合作，这不利于供应链的可持续发展。

那么，企业应该如何协调供应链助力物流环节的转型升级呢？海南航空股份有限公司（以下简称海南航空）给出的答案是技术赋能，要利用技术的力量，打造一个新型的物流 4.0 平台，让物流真正"现代"起来。

海南航空通过打造"三网"（即天网+地网+数字网）来实现现代物流管理。

天网的核心资源是旗下的航空货运业态，覆盖了金鹏航空、天津货航（筹）等多家货运航空企业。

地网同样具备核心竞争优势，海南航空旗下的机场管理业态和仓储投资业态都是行业翘楚。

数字网是云商智慧物流致力打造的海平线，是连接天网和地网，实现资源贯通、信息共享的物理网络，是决定海南航空现代物流未来发展方向与竞争力的关键所在。

海南航空推出物流 4.0 平台，该平台通过整合海南航空旗下的"三网"，引入外部生态合作伙伴，打通了从生产端、供应端、商家到用户的各个物流环节。因此，只要用户提出最终需求，所有工作就可以由服务方处理并一站式完成，同时还可以汇聚各业态数据，实现商流、物流、资金流和数据流的"四流"的整合及应用。

3. 物流管理亟待加强，信息化程度低

在现代物流中，信息起着关键作用。信息在物流系统中快速、准确和实时地流动，能够使企业迅速对市场作出反应，从而实现商流、信息流和资金流的良性循环。而现代物流在技术的推动下，变得更加复杂和烦琐，企业要想组织、控制和协调这一活动，就必须获取大量信息。

为了迎合数字化时代的发展，企业必须提升物流信息化程度。首先，企业要进一步健全物流信息化标准规范，建立一体化的物流信息系统，及时自动地更新数据，提高物流作业过程的透明性和时效性。

其次，企业要开发或引入前沿物流信息技术和设备。企业应借鉴先进的经验与技术，学习前沿物流信息技术，不断提高自己的研发能力，从而进一步提升和完善物流运营的效率，加快物流信息化的进程。

再次，企业要重视物流公共信息平台建设，加大资源整合力度，通过不断实践，提高服务质量，发挥行业整体优势，实现互利共赢，从根本上改善现状。

最后，企业要加强对现有在职人员的培训，将先进的物流理念和运作方式及管理规范融入现代物流的建设中，从而提升服务水平，实现物流信息化的快速发展，提升管理手段。

7.2　打造智能补货模型，实现自动补货

如今，实体企业的数字化程度不断加深，在线下产品销售过程中，各个环节的升级也对技术提出了更高的要求。智能补货依托人工智能、大数据、5G 等技术，根据实体销售情况，判断销售进度并做出预估，帮助企业制订相应补货策略，实现补货过程数字化，从而提高企业的整体运营效率。

与传统补货模式相比，智能补货存在诸多优点。传统补货模式主要依托理货员这一人力资源人为地对货架进行清点、核查、整理及对缺漏货物进行登记，并根据一定时期内产品销售数量进行经验判断，以实现货物的合理补充。这一过程不仅消耗大量的人力资源与时间成本，还容易因经验不足、判断失误等人为原因造成补货滞后、货物囤积等诸多问题。

而智能补货系统通过数字化技术对一段时期内的销售情况进行分析，能做到第一时间对产品销售出现的各项变动进行处理，缩短问题出现与形成决策的时间差，实现最大程度的降本增效。这对于实体企业尤其是小微企业销售利润的提升来说大有裨益。

作为"AI+零售"领域的先锋，SandStar 视达始终专注于这一领域并不断深耕，通过数字化技术为实体零售行业引入全新模式。

SandStar 视达拥有智能选品、智能订货、智能补货、智能排班、智能促销、智能陈列、智能监管和智能布局八大智能决策系统，能够实现整条销售链的数字化升级，真正用数据赋能每一个销售环节。SandStar 视达通过智能选品、智能订货、智能补货与智能排班优化商品仓储情况，加速货品流转率，降低人力与时间成本，提高人力运行效率。同时，通过智能促销、智能陈列、智能监管和智能布局实现商品的精准营销与商品利润最大化。

作为一家始终专注于高品质床上用品的上市公司，梦洁家纺股份有限公司（下简称梦洁）一直践行着超高标准的质量把控，在高端床上用品的销量上，该企业一直处于领先地位。然而，随着公司的不断壮大发展，传统的订货、补货模式已经逐渐难以满足其日益增长的业务需求。

同时，在当前技术发展、消费转型的背景下，消费者逐渐向着追求个性化消费需求，以及追求高性价比两方面转型。因此，重视市场需求变动，提供更具个性化的产品，以及发展规模效应使生产成本进一步降低，提供性价比更高的产品，已经成为包括梦洁在内的各实体企业进行商品智能化管理的重要目标。

在商品管理与中控环节中，梦洁存在的问题主要在于：难以对半年或更长时间内的消费者需求进行预测；生产与补货的弹性较差，当市场出现不规律波动时，容易产生积压库存等问题；家纺产品存在生产周期较长的特点，排产难度大，从生产供应侧到销售之间的渠道亟需打通。

为了解决这些问题，通过运用人工智能与大数据等数字化技术，梦洁充满创新性地推出库存一盘的整合模式，并将需求预测模型与智能补货模型嵌入其中，自主开发了适配其产品销售模式的 FineReport 平台，打造了梦洁特有的商品中控系统。

梦洁的智能补货模型将算法因子、规则因子及决策因子进行组合以构成该模型的基础规则，根据这一规则，梦洁的商品中控系统能够智能测算出需要补货的门店及该门店需要补货的数量，提出科学高效的补货建议。

并且，该模式能够通过数据中心进行全国门店的数据采集，实时关注各个门店的销售情况，对整体的产品进销存情况进行监控。当销售趋势发生变动时，便能够与后端供应链进行及时联动，确保销售情况良好的产品能够及时补货，避免销售情况差的产品库存积压。

梦洁的智能补货模型还具备超强学习能力及自我调整能力，随着运行数据不断积累，该模型提出的补货建议的准确率也不断提升，这对于企业盘活滞销库存、打造爆款产品来说具有极大的积极影响。

不难看出，数字化技术不断发展促进智能补货模式的完善与升级。这将带来实体企业供应链的不断优化，进而满足产品生产者与消费者的双重需求。

7.3　智能交通系统打造极致物流体验

随着技术的进步与发展，企业对产品运输环节提出了越来越高的要求，但现存的基础设施及低效的运输方式与企业的高要求不再适配。面对这一现状，智能交通系统（Intelligent Traffic System，简称ITS）应运而生。

智能交通系统又称智能运输系统，是一种将各项先进的技术，如信息技术、云计算技术、传感器技术、数据通信技术、电子控制技术、人工智能等，运用于交通运输领域，以达到提高效率、保障安全、节能环保等目的的综合运输系统。

智能交通系统通过对技术的有效应用，建立起全方位、大范围的综合运输及管理系统。智能交通系统的应用是对运输环节的综合升级，它不同于传统交通系统分散、单一的管理方式，能够在宏观上对交通运输状况进行统一、综合的调度管理。

在运输过程中，合理运用智能交通系统，使人、交通工具、道路三者形成有机统一，能够达到降低成本、提高效率、节省人力资源及促进货物流通等目的。例如，作为物流场景的头部玩家，京东建立起了高效的智能交通系统。

首先，京东智能交通系统可以快速提升末端物流"最后1公里"的配送时效，实现"端到端"的无人配送全场景覆盖。该系统充分利用边缘技术、感知技术等新技术，结合摄像头与激光雷达等传感设备收集场景信息，以机器作业代替人力劳动，提高配送效率的同时大大节省了人力成本。

其次，在长期实践中，边缘计算为京东智能交通系统提供了强大的算力支持。边缘计算能够汇总区域内所出现的道路信息及各种问题，并将一系列数据上传到云端进行整合分析，最后将分析结果用于指导实践。这对于保障行驶过程中的车辆与行人的安全起到一定的积极作用。

最后，京东智能交通系统为干线物流运输起到了降本增效的作用。该系统利用京东自身特有的资源，通过对车路协同平台、车辆运营调度平台与外部数据中各种相关数据的整合分析，构建起庞大的自动化干线物流体系，实现集中运输及加大货物吞吐量，帮助京东降低了长途运输产生的运营成本。

总的来说，流畅互通的智能交通系统既是保证高效运输的前提，也是运输过程中最重要的一环。依托于智能交通系统的进步，企业的物流体系也将得到快速发展并迈上新的台阶。

7.4　灵活、多变的动态物流体系

近几年全球物流行业出现全新变革，数字技术与互联网成为引领变革的核心动力。从运输网络这一方面来看，物流体系的新变化主要是，由静态运输网络向动态运输网络的转变。静态运输网络意指在以往企业产品的销售过程中，主要客户多为大型经销商、超市、便利店等对产品需求量较大的群体，客户来源与订单需求量都较为稳定。

随着社会的不断发展，人们的生活水平不断提高，个体消费者对各类产品的需求逐渐显现，企业的销售对象也由稳定的大需求量客户群体转向为数量更多而个体需求量更少的小需求量客户，即由商家转向普通客户。订单类型也由大批量、低频次的集中式订单转向小批量、高频次的碎片化订单。个体消费者的大量入场在带来销售利润提升的同时，也意味着整个物流体系变得更具波动性与不稳定性，形成灵活、多变的动态运输网络。

不仅是客户群体的改变要求企业的运输网络进行转型升级，这更是企业自身业务变化的内生需求。动态运输网络具有灵活性、机动性的特点，能够使企业与不同渠道、不同服务要求的客户直接进行合作，降低成本的同时也提高了自身竞争性。同时，对于企业来说，信息化发展引导下的动态运输网络使企业与客户之间的信息与身份更加透明，不管是运输过程中全链条追踪信息的透明化还是整个操作过程中身份的清晰可查，都使二者之间形成互联互通，获得完整准确的数据信息，合作更加具有保障。

某企业采用 SaaS TMS+APP 模式，打通供应链上下游系统，实现从货主到司机到客户的全链条、全渠道真实管控，如图 7-2 所示。

图 7-2　某企业运输管理系统运行过程示意图

从发货到签收，订单全流程管理，运输过程全程可视，实时追踪，不仅提升终端客户满意度，而且节省了大量对账时间。同时，能够通过智能匹配与算法推荐，帮助企业寻找可靠且符合业务要求的资源，智能高效地链接货主与承运方，用信息化技术手段打造一站式智能运输服务平台。

同时，企业之间的互联互通也是形成动态运输网络的重要一环。以往的企业合作多依赖于线下交流的传统模式，不仅效率低下而且成本较高，跨组织之间的协同难度很大。企业信息化水平提高后，能够将线下合作引入线上，在线上完成数据收集整理与匹配分析，可以实现真正意义上的跨组织协同合作。

信息化是打造智慧动态运输网络的基础，互联网与数字技术是驱动这一物流新模式的重要引擎。当前背景下，信息化物流发展是企业发展的必然趋势，这一发展必将不断深入并获得普及。

7.5　建设高效协同的物流跟踪系统

当前，线上销售已经成为各企业销售产品的重要渠道，物流的重要性也逐渐凸显出来。能否为消费者提供更加优质的物流服务，实现准确、高效、安全的物流运输，已经成为各企业进行智能物流管理的重要目标。

　　先进的数字化技术是建设高效协同的物流跟踪系统的前提，也是各企业提升物流水平的关键。在建设智能物流跟踪系统的过程中，主要应用以下 3 项技术，如图 7-3 所示。

图 7-3　物流跟踪系统中常用的 3 项技术

1. GPS 技术

　　全球定位系统（Global Positioning System,简称 GPS）具有全球、全天候、连续实时、高效益、自动化等优势，同时具有定位、定时、导航、测速等一系列功能，自推广使用后应用范围不断扩大，现今已成为一项全球公用设施，产生了巨大的经济效益与社会效益，是最具开创意义的实用高新技术之一。近年来，GPS 技术也逐渐被应用到物流行业,极大程度上解决了物流过程中出现的如订单漏失、资源调配难、效率低下等一系列问题。

　　首先，GPS 的应用实现了物流运输过程的透明化。作为雇佣方，企业能够随时登录物流定位平台，对运输车辆进行实时监控与精准定位，也能够及时查看驾驶员的状态信息与车辆行驶轨迹等。既能做到对货物即时位置的追踪，远程把控运输进度，也能够实现对驾驶员工作情况的监管，保证整体运输过程的通达高效。

　　其次，GPS 的应用有利于对运输车辆与人员的及时调度及优化运输路线。

GPS 能够将一定区域内所有车辆的状态信息、用户位置及周边环境的实际情况快速准确地反映给物流系统，由管理人员对该区域内所有资源进行合理调度，能够大幅度提高物流车辆的利用率，降低车辆空载率并减少对时间成本的浪费。且 GPS 系统能够统一整合区域内全部路线的数据并进行分析，为驾驶人员提供路线相关详细信息的同时做出运输路线的最优选择。

最后，当道路行驶过程中出现堵车、限速、危险路段等特殊情况时，GPS 能够提前给驾驶员发出安全提醒，更好地保障运输途中的安全性，降低事故发生概率。而且，当意外发生时，GPS 系统可以及时地反映事故现场情况及准确的时间地点，方便调度中心尽可能快速地采取救援措施，以期在最大程度上挽回损失。

如今，GPS 技术已经逐渐从专业技术领域走向了大众应用范畴，不难看出，建设高效协同的自动定位系统对物流行业的发展有着极为重大的现实意义，例如，已上线的全国物流信息网、中国物通网等，就是通过 GPS 定位服务系统为众多客户提供便利。GPS 的应用使物流管理变得高效而轻松，随着相关技术的进步和人们认识的不断提高，自动定位系统将在现代物流业的发展中起着越来越重要的作用。

2. RFID 技术

无线射频识别（Radio Frequency Identification，简称 RFID）技术，它主要通过无线射频信号对目标对象进行自动识别并获取相关数据，是一种非接触式的智能自动识别技术。RFID 系统主要由 EPC 标签、天线与读写器构成，且每个标签都由芯片及耦合元件组成，标签上附着的电子编码具有唯一性，是识别目标对象的关键。

在实际应用过程中，保存有特定格式电子数据的 EPC 标签将会附着于待识别物体的表面，而后读写器便能够识别 EPC 标签中的电子数据，从而实现自动识别物体的目标。

在当前的物流跟踪系统中，对物流信息的采集的方式效率仍然较低。目前的采集方式主要基于条码展开，虽然这一方式比人工手写录入的方式有了很大进步，但存在条码易被污染而使其可识别性受到影响或仍然依赖人工操作等缺点。此外，条码储存信息的容量有限，对于运输货物的收揽件人员、目的地、货物来源等详细信息，条码无法全部储存。这会导致当运输货物的某一环节出现问题时，难以及时回溯信息并解决问题。

将 RFID 技术应用到物流体系能够较好地解决这些问题。企业运用配有 EPC 电子标签的 RFID 技术，能够对将要被运输货物进行识别与感知，并捕获与采集在物流运输过程中产生的各种相关信息。

一方面，搭载存储各种详细信息的 EPC 电子标签的货物，使客户能够在运输过程中随时查询相关信息；另一方面，在物流运输的中间环节，中间单位能够利用 RFID 技术智能识别货物，进一步提升揽件效率。

在充分利用 RFID 技术的前提下，构建基于 RFID 技术的智能物流跟踪系统与解决方案，企业能够充分提高自身物流的数字化水平、提升物流服务质量，更好地满足消费者的精益化需求。

3. OCR 技术

光学字符识别（Optical Character Recognition，简称 OCR）技术是一种从图像中检测与识别文字的技术。该技术主要通过扫描这一光学输入方式，能够将印刷体文字转换为图像信息，再利用智能化文字识别技术，将图像信息转化为用户能够编辑的文本。

OCR 技术支持任意版面、任意场景的文字识别，将其应用于物流运输领域中，能够极大限度地提升物流信息的录入效率。

例如，腾讯优图为中外运、顺丰等物流公司提供了先进的 OCR 技术，与传统 3 分钟一单的人工录入相比，OCR 录入能够将每笔运单的录入时间缩减至 30 秒以内，使企业的成本大大降低。

人工录入容易出现录入错误问题，如对地址、名字或数字的错认等，不仅会加大员工的工作压力，还可能影响货物的后续运输问题。具备多语种识别能力的OCR技术，能够提升运单录入的准确率。OCR技术识别单据快、处理精确度高，能够实现识别即录入，与人工录入相比，对表单信息的处理能力有着显著提高。

GPS、RFID与OCR技术都是企业构建智能物流跟踪系统的关键技术，企业需要不断探索这几项技术的垂直应用场景，将其与自身物流业务充分结合起来，实现物流领域的降本增效。

致力于成为"精准物流领导者"的德邦物流股份有限公司（以下简称德邦物流），就是通过应用以GPS、RFID与OCR技术为代表的智能化技术，不断完善高效协同的物流跟踪系统，打造消费者服务人性化与业务流程标准化的智慧物流。

从下单到装卸、运输及提货的各个环节，德邦物流都实现了规范化、智能化统一调度管理。应用RFID电子射频技术与OCR技术，德邦物流能够轻松实现货物的快速、精准扫描与入仓管理，并在统一规划下将货物进行分区域存放。不仅能够提高货物数据录入的准确性，还能够提高工作人员工作效率，实现降本增效。

货物运输过程中，通过对GPS技术的应用，德邦能够在大部分区域内实现对运输车队的智能化管理。中心监控系统，支持德邦的统一管理中心对车辆进行实时监控，能够最大限度地避免驾驶员出现疲劳驾驶、超速行车、违章行驶等问题，降低事故发生概率，保障运输安全，提高运输效率。

GPS技术还能够帮助德邦掌握运输车辆的闲置状况，从而更好地进行车辆调度，降低车辆闲置率，降低车辆使用成本。

数字技术的应用助力德邦物流打造智能物流跟踪系统，使德邦物流能够不断优化业务体系、提升服务质量，充分获取消费者的信任，在竞争激烈的市场中占据优势地位。

7.6 宝洁：全链路物流系统助力物流变革

宝洁曾经在物流变革中提出千场千链的构想，即在面对千店千面的商业环境和千人千面的消费者时能够快速响应实时需求、预测未来需求，提供并执行千种各具特色的物流方案。在打造千场千链的过程中，宝洁主要采取了以下 4 方面措施，如图 7-4 所示。

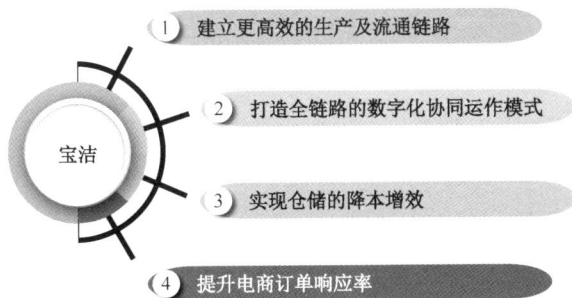

图 7-4 打造千场千链的 4 方面措施

1. 建立更高效的生产及流通链路

宝洁着手于供应链中最关键的两项流程工作，分别是生产流程和运输流程。在生产流程上，宝洁借助工业互联网体系进行转型升级，打造柔性生产能力和自动化生产能力，提高生产效率。此外，宝洁与阿里巴巴强强联合，借助电商平台的大数据分析和预测用户需求，研发适销对路的新产品，最大化地满足用户需求。

在运输流程方面，为了缩短产品与用户之间的流通链路，宝洁重新构建了物流网络，将单一的一级分销供应链升级为双层级的动态网络。其中，第一层为大型物流中心，第二层为前置分销中心，这两层动态网络协同发展，形成强大合力。

2. 打造全链路的数字化协同运作模式

宝洁深入推进全链路的智能化和数字化，打造获取供应链各端实时状态的能力，提升宝洁供应链全链路效能。宝洁借助统一的数字化架构进行供应链网络设计，并不断优化供应链决策，营造可追溯、可识别、可互动的供应链运营环境。

在协同各端制定最优供应链决策上，宝洁实施流程管理的自动化，用智能设备替代人力工作，在一定程度上避免了人为因素造成的工作差异，提高供应链运营效率。此外，宝洁还通过数字孪生技术对供应链实时数据进行数据建模，并模拟和测试数据问题解决方案。

3. 实现仓储的降本增效

宝洁联合分销商借助智能预测拉动智能补货。宝洁基于门店补货规律和供应链的响应能力，借助统一的算法，实现对宝洁仓储及销量的预测。同时，宝洁与B端用户合作，协同推进商品订单，提升供应链响应时间。此外，宝洁还开发了大数据产品风向标，该平台结合人、货、场数据，帮助零售商实时追踪市场动向，为用户在适当的场域提供货品匹配。

4. 提升电商订单响应率

宝洁在电商运营方面开创了宝洁工厂直发用户的新模式，从接收订单到发货，最快只需要100秒，极大地提升了电商平台订单的响应效率。

同时，宝洁还借助三级仓网打造自动化物流，从而保证订单的时效性。宝洁的计划运筹中心基于用户订单结构、不同仓库的库存和供应链响应能力，制订品类配置分仓计划，尽可能地为每个订单分配最优运输路径。宝洁的自动化物流以多级动态仓网降低了链路运输成本，提升了物流运输时效，同时也大大提升了用户对于宝洁电商购物的体验。

宝洁的千场千链计划围绕市场变化打造极致灵活的供应链与物流系统，深刻贯彻了以用户为本的经营理念和协同发展的原则。宝洁不仅在内部实现了供应链协同高效运作，还在外部实现了合作伙伴的协同发展，成功打造了千场千链的卓越物流能力。

7.7　京东：多项技术助力物流升级

作为物流行业的头部企业，京东物流始终秉承开放包容的精神，结合客户需求与自身能力，不断进行技术创新。在过去几年中，京东物流以技术驱动进行产业升级，为客户提供更高水平的物流服务。

1. 使命升级：技术驱动

2020 年 8 月，京东物流 CEO 王振辉（2020 年 12 月离任）宣布，京东物流将在使命愿景、组织架构与品牌形象这三个方面进行全新升级。京东物流提出，将其使命升级为技术驱动，这意味着京东物流体系将向着更科技化、更年轻化的方向发展。

京东物流以技术为驱动，把控行业发展方向，引领全国物流行业高效流通和可持续化发展。同时，这也是对物流行业的全新探索，摒弃单一的人力配送方式，将技术引入物流，为物流行业开拓全新思维与发展模式。

2. 无人配送项目进一步发展

王振辉在 2020 年 10 月的全球智能物流峰会上还提到，未来五年，京东物流将投入 10 万台机器人以促进无人配送项目的发展。这些机器人将落地全国各个省市，有效解决物流配送的"最后一公里"问题，很大程度上降低配送环节的人力成本，推动物流机器化水平进一步提升。王振辉表示，除了打造城市级无人配送项目外，为进一步减轻快递员劳动压力，京东物流将推出全球首个无人车领养计划，快递员可自主选择领养无人配送车，使用配送车进行简单的配送工作，而自己则进行动态揽收、寄送等较为复杂的工作。

3. 促进 5G 技术应用

作为全国最早运用 5G 技术的企业之一，京东物流对这一技术的应用与探索不断深入，2020 年，已实现全国 28 个"亚洲一号"智能物流园 5G 网络全覆盖。5G 技术是具有低延时、高速度与高安全性的新一代宽带移动通信技术，能够实现人、机、物的互联互通，将成为支撑社会数字化与智能化的关键基础设施。基于物流行业对通信要求的特征，5G 技术主要应用于行业 eMBB、行业上行视频、无线工业控制及 5G 感知技术方面，全面提升物流行业整体效率。

5G 技术赋能工业互联网，不断推动工业化与信息化相融合，为产业提供新动能。同时，该技术能够为传统物流产业提高信息化程度，进而提高运营与管理效率，助推产业转型升级。

4. 打造一体化供应链

进入数字化发展新时期，物流与供应链产业的创新升级成为企业发展的最新着力点。京东物流的另一位 CEO 余睿提出，新一代消费者个性化程度不断增强，消费端已然发生改变，产品销售波动性大幅增加，导致生产、流通、消费一系列产业随之产生变化，传统的供应链亟待转型，而技术的发展是推动一体化供应链演进的重要支撑。

一体化供应链物流服务是当今物流行业转型升级的重要方向，该服务是在数智化核心竞争力基础上，基于供应链管理系统，具有全链条式服务功能，提供定制化解决方案的物流服务新模式。京东物流坚持一体化供应链物流服务的优化升级，以仓储为核心建立了高效协同物流网络，同时努力提升以算法与数据驱动的决策智能化、管理数字化和运营自动化的能力。

目前，通过经验积累与能力提升，京东物流不断拓展行业可能性，成为物流行业的探索者与先行者。未来的发展过程中，我们相信京东物流将积极承担自我的社会责任，始终致力于为社会、行业、客户提供价值，促进物流行业进步的同时促进实体经济持续高质量发展。

第 **8** 章

零售转型推动消费增长

零售环节是制造企业直接将产品销售给消费者的重要途径，同时，制造企业还可以通过零售渠道获知消费者的反馈和市场信息，从而更好地满足市场需求。然而，传统零售单一的线下销售模式已逐渐不能满足当前消费者的消费需求。随着技术的迅猛发展，零售数字化转型的需求逐渐凸显出来。从整体的战略布局出发，企业应当注重零售环节的创新发展方式，进一步提升商品和服务供给能力。

8.1　借助互联网平台打通线上渠道与线下渠道

近年来，消费者的消费习惯逐渐转为线上，零售行业的线下销售渠道受到冲击，拥有一个强大的线上销售渠道已经成为制造企业规避风险、提升业绩、增加收益的必要手段。借助现有的电商平台、公众号等互联网平台基础设施，企业可实现线上线下渠道的融合打通，加快自身迈进新零售时代的脚步。

临沂新程金锣肉制品集团有限公司（以下简称金锣集团）是我国知名的肉制

品加工企业，经过近 30 年的耕耘与积累，目前已发展成为我国农业产业化重点龙头企业。近年来，面对消费升级及互联网电商行业的快速发展的现状，金锣集团因时应势地推动线上线下渠道融合，使自身企业在面临复杂的环境变化时，探索出一条切实可行的发展路径。

金锣集团不仅在线下渠道进行广泛渗透，无论是一线大城市的大型商超还是乡镇中的小型便利店，总能在货架上找到金锣集团的某款产品。而且，面对电商行业的飞速发展与年轻一代消费者消费习惯的改变，金锣集团也积极拥抱互联网，主动布局产品的线上销售渠道。

一方面，金锣集团通过入驻京东、天猫等主流电商平台，加大宣传和销售力度，将产品销售向线上大量转移；另一方面，金锣集团也通过与直播类电商的合作为产品销售注入新的活力。

金锣集团将覆盖全国各地的线下销售网络与线上销售渠道相结合，实现了数字化技术发展大趋势下的全渠道融合。这也使金锣集团能够实现产业转型升级，始终在肉制品行业占据市场有力地位。

打通线上线下渠道的意义不只在于拓宽企业销售渠道，通过将实体门店转移到互联网上，不仅方便了消费者，更减轻了企业的仓储压力。线上商城、小程序等移动门店具备更强大的商品承载能力，而线上购物是通过物流将产品送到消费者手中，因此可随时调用距离消费者最近的仓库中的货品，不再拘泥于产品与消费者面对面的连接，提升了仓储灵活性。

运用数字化技术促进线上线下的融合，还能够有效增强消费者粘性。购物入会员、消费积分、卡券、满意度反馈、凑单满减等新玩法的引入，使企业能够有效地与消费者之间建立连接，提高顾客复购率。以服装行业为例，顾客可以先在线下门店进行试穿，选择合适的款式后在线上店铺进行购买，提升了顾客购物的可选择性与自由度。而且，顾客的消费累计的消费积分等可以兑换优惠的方式，有利于促进顾客重复消费。

8.2 重塑货、场、人的关系

传统销售方式的逻辑关系是货、场、人，即先生产产品，再找到合适的销售场所，最后将其售卖给消费者。然而，这一传统销售方式已经不再适用于当前时代发展现状。

身处新经济时代，面临不断升级的消费需求，企业需要坚持数字化驱动这一导向，从企业经营的多个层面展开数字化转型升级，包括企业的研发设计、生产制造、营销渠道、内部管理及用户层面等，构建数字化体系来打通各业务流程。消费者导向型经济要求企业以消费者为核心，进行人、货、场关系的重构，促进传统实体产业向新零售行业转型升级。

打造人、货、场全新关系，企业要摒弃传统的销售思维，培养数字化的销售理念，打造全新销售场景。人、货、场这一逻辑关系中最显著的特点就是，将"摆好产品等待用户进店选购"的思维转变为"哪里有用户就去哪里进行销售"。以"人"的需求为根本出发点和落脚点，通过运用各种数字化技术，引领"货"的发展趋势，提升"场"的效率。

例如，盒马鲜生这一平台，就抓住了当前新时代消费形式转变的机遇，到消费者所在之处进行销售，是对线下超市进行数字化重构的新零售业态。

单从生鲜领域的销售来看，由于冷链运输的物流成本较高、仓储损耗性较大等一系列原因的影响，互联网销售与线下销售相比处于劣势地位。随着居民消费水平的升级，消费者对于高级生鲜产品的需求量一直较大，对生鲜产品的新鲜程度要求也较高，盒马鲜生从消费者角度出发，创造性地采用线上+线下结合的模式，将仓库搬到社区附近，为其打造社区化的一站式新零售体验中心。

该模式通过运用移动互联网技术，将线上与线下营销的渠道打通，使用户能够在线上与线下的购物过程中共享一套会员体系，以及会员体系内的优惠、积分等服务。该模式在提供更为方便快捷的线上购买渠道的同时，在线下门店铺设货物，实现生鲜产品现买现做。当消费者在 APP 上完成支付后，依托于通畅的移动互联网信息传输，盒马鲜生的线下门店能够对订单快速响应，在 30 分钟内将产品配送到家，满足了消费者在购买生鲜产品时快和鲜的首要需求。

利用数字化技术重塑人、货、场关系，盒马鲜生并不是唯一的践行者，当前火爆的微商、直播电商等都是以消费者为导向的销售方式。

直播电商这一销售模式当前也十分火爆，越来越多的消费者倾向于通过观看直播间的介绍来了解产品，也有越来越多的企业开始通过直播的方式开展产品介绍、优惠促销等活动。

企业可以充分利用社交直播平台发展速度快、信息更新频率高的特点，结合大数据技术绘制清晰的用户画像，并进一步划分细分市场的消费者群体，对品牌目标消费者开展精准营销。通过大数据技术开展对消费者消费习惯的分析，企业还能够加强"人"与产品这个"货"之间的连接。

8.3 消费者的体验需求愈发强烈

体验式消费，就是企业以消费者为中心，通过对商场、产品的安排及特定体验过程的设计，让消费者获得美好的体验，从而达到精神上的满足。

伴随着消费升级与激励的市场竞争，消费者对购物体验提出新的要求，企业要想获得市场竞争的胜利，就必须要以消费者需求为核心创造体验式消费。对于企业来说，零售+体验式消费的出现也有很多好处，不仅能够使其实现产业升级，为消费者提供更加优质的产品与服务，还能够提升企业的市场竞争力，使企业获取更多行业资源。

数字化技术的不断成熟与发展，为体验式消费的升级提供了技术支撑。2021年 3 月，中国家电及消费电子博览会在上海虹桥举办，在此次展会上，海尔衣联网推出 3D 云镜这一虚拟试衣设备，展示了人工智能在服装零售领域的应用，大大提升了消费者的消费体验。

3D 云镜采用先进的人工智能及 3D 图像技术，通过为消费者提供智能量体服务，为其带来真实度超高的虚拟试衣体验。该功能将试穿环节转移到线上进行，可以任意切换发型、姿势、场景，使消费者能够轻松选择最适合自己的服装款式，随时随地进行精准购物，有效避免线下排队购物时等待时间过长、缺货断货等困扰，进一步激活传统零售新活力。

同时，海尔衣联网不单将该功能局限于门店零售行业，还围绕智慧家庭领域发布 3D 云镜家庭版。通过虚拟试穿与试妆等功能，3D 云镜家庭版可以收集消费者各项数据信息并进行整合分析，为消费者提供更加精准、个性化的智能推荐。消费者还能够通过该功能进行私人定制，试穿满意后便可以一键下单。既节省消费者购物时间，同时也降低了退换货过程造成的产品损耗。

海尔衣联网借助人工智能及大数据等技术，为消费者带来服装消费数字化体验，以智能设备赋能服装新零售，给服装新零售行业带来全面革新。

然而，新时代的发展不仅带来消费升级，还伴随一定的通货膨胀。居民日常生活用品的价格不断升高，消费者对自己可支配收入的花费更加谨慎，在购衣方面的支出也将进一步缩减。在销售新衣变得愈发困难时，沃尔玛等大型商超正在不断探索解决方案。

被沃尔玛收购的虚拟试衣间初创公司 Zeekit 于 2022 年在其网站上添加了一个最新功能——Be Your Own Model 虚拟试穿工具。该功能与 3D 云镜类似，使用了算法及机器学习技术，允许消费者自主选择一个在肤色、身材、发色上与他们相似的虚拟模特，并可以使用此虚拟模特来试穿沃尔玛的所有服装。

通过这个个性化的工具，网站可以将衣物的试穿效果及面料垂感等细节更加真实地展现在消费者面前，无需走进线下门店亲自试穿，消费者便能够直观地感受到产品是否适合自身特点，从而更好地进行选择。这使服装的消费过程变得更加方便快捷且具有一定的趣味性，能够提升消费者的购买欲望。

负责沃尔玛服装品牌的执行副总裁 Denise Incadela 表示，通过使用该工具进行虚拟试衣的网上消费者比不使用该工具的人购买转化率更高。Denise Incadela 还表示，沃尔玛将进一步推动该功能的推广，以鼓励更多消费者选择沃尔玛来填充他们的衣柜。

虚拟试衣功能已在沃尔玛的服装零售领域展现出其积极效用，在新零售领域，虚拟试衣只是众多智能设备中的冰山一角。自助收银、人脸识别、电子货架、智能 POS 及云服务等众多智能设备依托 5G 与大数字技术的发展，不断推动智慧商业数字化、信息化与智能化，在变革中寻求突破，于变革中实现发展。

传统零售时代，企业都是忙着吆喝，消费者则是在担心产品是不是存在质量问题。如今的体验式消费，使企业的服务越来越透明化，从而减少了与消费者之间的纷争。所以，越来越多的企业都开始推出体验式消费，当然，这也在一定程度上表示，现在的商业竞争模式已经由传统的近乎"肉搏"式的竞争转向依靠大数据、前沿技术的高端竞争。

推出体验式消费服务，说明在现代的零售模式中，企业更加注重以消费者的需求为中心。与此同时，企业的服务也在逐渐地个性化。过去企业在营销中只是盲目地进行宣传，缺少个性化的体验式服务，但实际上为消费者提供最优质的体验才是现代企业竞争的核心。

8.4 超级物种推动零售变革

为了让产品能更轻松地销售出去，很多企业都会开设超市，这其实是一种综合型的零售平台，其主要职责就是，为上下游产业链中的合作伙伴提供最优质的服务。在中国，要说很受消费者喜爱的超市，那一定有永辉超市（下简称永辉）。不断创新的永辉也已经找到了自己的第一个盟友——草根知本，并在西南地区建立了第 ·个进化基地。

草根知本和永辉在成都联姻，共同建立了四川新云创商业管理公司，希望打造出一条数字化产业生态链。按照相关战略规划，双方还会在"线上+线下+深度体验"方面展开深度合作，并在四川实现了零售、冷链、快消品渠道和移动互联网业务等方面的强强联合。

草根知本和永辉合作的第一步是在四川大力播种超级物种，同时还计划一年内开设 12 家超级物种店。

永辉是一家以销售生鲜食品为主的超市，在低温产品、零售渠道、全球供应链管理和消费服务等方面都具有非常明显的优势；草根知本则以"优选全球、健康中国、美味食品、便利生活"为目标，拥有冷链、调味品、乳业、营养保健品和宠物食品五大产业板块。因此，二者达成合作以后，可以最大限度地发挥各自的优势，并形成互补。

如今，永辉已经推出了云超、云创、云商、云金、云计算五大板块，在这五大板块中，以云创、云商为主的业务集群是其布局智能零售，提高业态革新能力的重要标志。其中，云创旗下主要包括超级物种、店永辉会员店和永辉生活 APP 三个方面；云商则包括全球贸易、数据、物流三个方面。

除此以外，彩食鲜项目也有非常重要的地位，该项目不仅是永辉进行食品供应链升级的有力体现，也是协助永辉实现生鲜农产品标准化、精细化和品牌化的主要渠道。值得注意的是，彩食鲜项目要想发展，必须有专业的冷链物流支持，而在竞争残酷的快消业中诞生的鲜生活冷链，就具备冷链物流配送的优势。

从目前的情况来看，鲜生活冷链的主要客户有商超、电商、餐饮企业、冷冻食品加工厂等。对此，永辉方面透露，在生鲜冷链物流方面，还会与草根知本进行更深层次的融合。

对草根知本来说，生鲜冷链物流是一个非常重要的战略引擎，不仅贯穿了新希望农业、畜牧和乳业等全产业链，还形成了独具特色的新希望生态供应链。

目前，草根知本已经有乳业、冷链、调味品、营养保健品和宠物食品五大产业板块，旗下企业更是超过了 20 家。随着业务板块规模的不断扩大，草根知本也获得了巨大的能量。一方面，深深"扎根地下"，聚焦于和消费者生活息息相关的快消品领域；另一方面，继续"仰望天空"，进行跨行业及产业链的资源整合，投资范围已覆盖国内外。

可以看到，无论是永辉还是草根知本，都在积极布局数字化产业生态，主要目的就是加快数字化转型的速度，从而保证自身的长远发展。

8.5 智能系统轻松找到滞销产品

在零售企业的销售过程中，不可避免地会出现产品滞销的情况，若库存中的滞销产品不能够及时解决，不仅会占据仓库储存空间而且会使企业的资金周转环节产生问题，从而导致企业大量损失。在大多数情况下，不是企业不重视对滞销产品的处理，而是用常规手段难以快速辨别出哪些产品为滞销产品，企业也很难及时把控产品的库存剩余。对于快消行业来说，这一问题尤为严重，因为快消行业的产品保质期通常较短，当产品滞销时便只能由企业承担损失。

智能系统的出现很大程度上降低了这一风险。某企业推出一款致力于帮助中小型商贸流通企业构架业务一体化协作平台，满足进销存、外勤管理与拣货配送管理核心需求的企业管理云平台。其中，进销存管理系统能够随时查看滞销商品，帮助企业及时发现问题并制订解决方案，有效解决产品滞销问题。

该企业推出的进销存管理系统主要有商品库存预警功能与商品保质期管

理功能。

零售企业的仓库中存放的产品往往数量大且种类繁多，若仅依靠仓库管理人员人工记录产品的进出库情况，一方面会消耗大量的人力与时间成本，另一方面也难免出现纰漏，从而不能及时掌握产品的销售情况。该系统的商品库存预警功能能够自行设置库存预警，当某一种产品的库存数量低于设置的预警值时，便会自动发出提醒。此时，仓储人员便能够了解哪种产品销量较好需要补货；相反，长时间没有预警的产品便属于滞销产品，企业便可以根据预警情况对滞销产品及时处理。

商品保质期管理功能可以在产品入库保存之初，在系统中录入产品保质期限，当某种产品临近保质期时，系统会自动发出提醒，这样，便能为零售企业预留足够多的时间制订相应的解决方案以处理这一类临期产品。同时，该智能系统还具有记忆功能，通过跟踪不同产品的历史数据，一键留存其保质期限，避免重复录入。

总的来说，这种智能系统能够随时在系统中查看即时销售数据，通过数据处理获得最准确的销售情况，最大限度帮助零售企业解决产品滞销问题。

8.6　无人零售大行其道

随着我国人口老龄化进程的不断加快，以及土地成本的大幅度上升，传统零售行业的人口红利与土地红利双双丧失，成本不断提高。为了进一步缩减成本，传统零售业亟待转型，无人零售成为未来零售业发展的重要方向之一。以物联网的应用与移动支付的普及为支撑，得益于能够节省人力与土地成本，以及覆盖 24 小时全时段消费的特点，无人零售行业大行其道。

在此风口下，作为创新型消费场景智能设施的制造商与运营商，竹芒科技从新零售场景切入，通过打造竹芒购 AI 智能货柜，为加盟者提供"1 平米即可开店"的低成本创业模式。

首先，竹芒购 AI 智能货柜可销售零食、饮料、生鲜等各类产品，支持综合多品类售卖。体积小巧，可适用于居民区、办公室、学校、医院等各种场景。同时，如图 8-1 所示，竹芒购 AI 智能货柜造型简约，符合当代青年审美，三面制冷玻璃环绕，能够最大限度地曝光货柜内商品，吸引消费者进行购买。

图 8-1　竹芒购 AI 智能货柜

其次，不同于传统无人售卖机"先付款后取货"模式，竹芒科技运用 VR 动态图像识别技术与图像跟踪捕捉技术，创新出独特的"先取货后付款"的支付方式，消费者扫码开门后选择商品，关门后自动支付，操作方便快捷，仅需 5 秒钟就可完成整个购物过程。

最后，无人售货机面向的消费群体大多数对产品有明确的需求，具有快速、即刻、即拿即走的消费特点。竹芒购 AI 智能货柜进一步提高了无人售货机内产品的快速可得性，将无人售货机的优势扩展到最大。

为消费者提供便捷服务的背后是竹芒科技技术的支撑。基于 VR 图像识别技术实现的智能监控与自动扣款等功能，不仅便利了消费者的购物过程，更有利于加盟者在销售过程中降低成本、精准销售与科学管理。竹芒科技还为加盟者提供专属软件，该软件能够连接 AI 智能货柜，实时查看货柜售货情况，实现线上一站式管理。

无人零售行业在我国的发展前景一片向好。然而，无人零售的发展之路并不是一帆风顺的，防盗能力差、同质化严重、消费体验差等问题都是目前无人零售行业亟待解决的痛点。

当前大多数无人货架并不装配高水平的智能防盗系统，若柜门没有及时关闭，商品便很容易失窃。这不仅是对生产商技术水平的考验，也是对消费者素质的考验，无人零售行业的进一步发展必须有较高水平的国民整体素质作为保障。

在无人零售这一消费场景中，消费者的素质水平起着极为重要的作用。与传统消费场景不同，无人零售的消费过程只有消费者一方参与，且缺少有效的监督机制，极容易形成诚信缺口，是对消费者素质的一大考验。

2021 年国庆假期期间，国庆出游游客数量显著提升。为缓解庞大的客流量造成的压力，假期期间各大景区纷纷推出无人值守的售货服务。在此期间，位于重庆涪陵红酒小镇的一个无人值守售货亭登上了微博热搜榜。

据悉，该无人售货亭已在此景区设立了 10 多年，而早在设立之初，移动支付还没有广泛应用，无人售货亭的投币箱回收率还不到 70%。但 2021 年的国庆假期间，不仅未发现一单少付，反而还多出 8 元。相信每个人都遇到过游览景点时突然口渴却找不到水，突然碰脏衣物却找不到纸巾的情况。景区负责人从游客最切实的需求出发，设置无人售货亭低价售卖矿泉水与纸巾，供游客自行购买，如图 8-2 所示。

自设立以来的十数年间，1 元一瓶的矿泉水从未断供过。从不足 70% 的回收率到如今超过 100%，这十几年的变化象征着消费者素质水平的大幅提升，这也为我国如今无人零售行业的发展提供了保障。

图 8-2 红酒小镇无人售货亭

　　该红酒小镇一直致力于打造诚信景区，设置了许多无人值守项目，如丛林迷宫、高空望远镜、玻璃栈道和诚信图书漂流等，这些项目都是凭借消费者的诚信自助结账。景区负责人表示，大多数消费者都能够做到诚信消费。

　　对于无人零售领域的商品提供者来说，由于准入门槛低，大量参与者涌入无人零售市场，而其提供的产品也都是具有快捷消费特点的零食、饮料等，致使当前市场内存在大量同质化的产品，难以对消费者产生吸引力。这便需要根据地方特色及货柜陈设地点的特性，针对性地铺设产品，例如，在学校附近售卖纸、笔等学习用品；在医院售卖一次性手套、口罩和床垫等产品。做到因时因地制宜，从消费者的需求出发进行更加个性化的产品种类设置。

　　而且，无人货柜的运营也并不意味着完全不需要人力资源的投入。维修、补货、清洁等环节都需要及时进行人工作业，若这些工作完成滞后，必将为消费者带来不佳的消费体验。需要提升无人货柜的智能化水平，将无人货柜信息上传云端通过数据处理，及时提醒负责人对于出现的各种情况进行处理，使其始终处于良好的运营状态。

目前，无人零售行业正在从探索初期走向成熟发展期，以不断发展的科学技术为支撑，逐步完善资金、人力、供应链等各项环节，是促进无人零售行业解决弊端、稳步发展的保障。即使当前仍存在一些难以规避的问题，但如竹芒科技这样的技术型企业也在不断涌现，无人零售行业稳中向好的发展趋势不会改变。

第 **9** 章

营销转型实现极速成交

营销是否成功，能否吸引用户兴趣从而完成销售过程，是一个企业能否获得利润的重要影响因素。随着数字化时代的到来，传统的线卜营销方式越来越失去优势地位与竞争力，也难以满足当前消费者日益复杂的消费需求。因此，传统营销向着数字化转型已经逐渐成为企业实现极速成交、获取更多利润的关键。

9.1 传统营销的三大痛点

营销做得越好，吸引的用户越多，产品销售就越顺利。但大多数企业的营销目前还比较简单，仍存在以下痛点，如图 9-1 所示。目前，消除这些痛点已经成为企业增加经济效益的重要途径。

1. 用户需求难以定位

企业的收入来原于用户的消费，满足用户需求是企业的立足之本。但是用户需求并不是一个容易量化的指标，每个企业的观察视角和思考方式并不相同，满足用户需求没有永恒的法则，在高速发展的移动互联网时代，对用户需求进行定位更是难上加难。

图9-1　传统营销的3大痛点

在定位用户需求方面，企业要做的：一是从功能上入手，包括主要功能、辅助功能及特殊功能等；二是从形式上入手，包括质量、品牌及传播媒体或传播载体等；三是从精神上入手，多是指满足用户在情感方面的需求；四是从价格上入手，所有用户都希望买到性价比高的产品。通过这四个角度定位用户需求并持续满足，才能扩大市场空间，使企业得以发展和生存。

2. 无法针对用户投放广告

在投放广告时，渠道与创意相对易控，但实际触达的受众与目标用户的重合率却难以保证。从本质上来讲，广告就是企业与用户的对话，只有产品与用户的需求高度匹配，投放的广告才能有效。无法针对用户精准投放广告主要是因为对受众的分析不够透彻，没能了解用户的心理需求，不知道受众是谁，也不确定目标用户在哪，而且投放平台也选择失误。

广告不可能在所有平台上投放，一般来说，目标用户的消费特点各不相同，所选择的平台也不同。如果平台主要提供美容化妆学习，那投放香水、化妆品的广告是非常正确的选择，但如果投放卫生纸、洗衣粉等生活用品的广告，则很难产生吸引力。

选择投放的平台就是在选择目标用户，要在目标用户的基础上，结合平台和产品的特性去进行投放。与此同时，还要把握目标用户的活跃情况，并据此决定广告要投放在哪些地方，在哪些时间段投放，这样才能实现精准投放。

3. 缺乏信息化的用户关系管理系统

用户关系管理系统即前文提到的 CRM，通常以用户数据的管理为核心，利用现代信息科学技术，实现市场营销、服务等活动的自动化，帮助企业实现并运行以用户为本的模式。在数字化转型的背景下，用户关系管理系统既是一种理念，又是一种技术。

目前，在我国企业实施用户关系管理系统的过程中，存在着一些亟待解决的问题。其中最为重要的问题是信息化程度尚且不高，具体可以从以下几点说明，如图 9-2 所示。

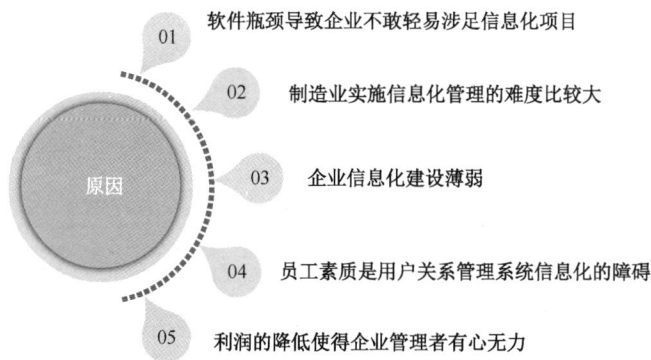

图 9-2 用户关系管理系统缺乏信息化的原因

（1）在我国，企业要引进软件，通常仅由技术主管负责规划和实施，既缺少高层领导和用户的支持，也缺少业务部门的参与。另外，由于对行业的了解不足，很多企业在采取用户关系管理系统时，解决方案存在的缺陷会带来很大的负面影响。

（2）相对服务业、互联网行业，制造业的现状更为复杂，其用户关系管理系统的信息化管理实施也相对较难。一般来说，制造企业受到的限制比较多，尤其是在制订销售计划时，会因为生产能力的不足与市场的变化衍生出更多困扰。

（3）虽然很多企业都有实施信息化用户关系管理系统的想法，但这些系统很多都是相互独立的，彼此之间没有太多联系。这种重复性的投资既浪费资金，又深化了信息化管理系统的矛盾。此外，有些企业依然在使用不健全的传统服务机制，很少会想到将用户关系管理系统与办公系统和运转软件，如 ERP、SCM 等集成起来，形成一个对无缝对接的闭环。

（4）很多员工尤其是一线员工的信息化意识普遍不高，他们不了解计算机技术或相关前沿技术。而用户关系管理系统的信息化需要全员参与并实施，如果员工素质跟不上，就会导致各生产与运营步骤的脱节。

（5）目前产品利润逐渐降低，而市场上正规的用户关系管理系统费用普遍很高，这就导致很多企业对这一系统及信息化态度冷漠。

虽然目前仍存在诸多问题，但用户关系管理系统的信息化能帮助企业选准目标用户，与目标用户进行最有效的沟通，持续兑现价值，并不断扩大盈利。企业应当努力解决问题，不断优化信息化的用户关系管理系统，提升自身核心竞争力。

9.2　大数据精准识别用户身份

一个企业若想实现成功的营销策略，在营销之前必须要找准自己的产品定位与卖点，最主要的是要找准其面向的消费群体。

所有的营销都是从消费者的角度出发，以消费者的需求为中心实施的。是否能够对用户实现精准投放，是传统营销与当代精准营销的本质区别。而精准营销的关键就在于，能利用大数据精准识别用户身份。

利用大数据技术海量收集消费者的信息，如搜索记录、消费习惯、出行动态等，而后将数据库内信息进行整合并分析，从而能够构建出完整的用户画像。企业通过大数据技术能够对目标客户形成准确的认知，从而有利于企业筛选出精准的消费群体，不断完善销售策略。

现在很多企业已具备一定的信息化能力，缺少的不是大数据，也并不是不具有收集数据的技术能力，而是缺少数字化能力，无法对用户消费行为进行进一步分析，不能将消费者数据与销售行为连接起来，这无疑是一种浪费企业的数据优势的行为。

宜家家居公司（下简称宜家家居）是一家在全世界范围内都闻名的家居企业，将占地面积广大的商场建造在土地价格较低的郊区并在短时间内迅速扩张。目前宜家家居在我国销售情况良好，逐渐建立起稳定的优势，站稳了脚跟。该企业的发展背后并不是盲目的商业扩张，其成功的核心在于对市场及消费者的深度分析及精准定位。

许多连锁企业的管理者倾向于打造标准化的连锁门店，用统一的产品、服务与店面去服务全国乃至全世界不同区域的不同消费者。然而，不同地区、不同年龄的消费者都存在着巨大差距，标准化的连锁体系将越来越不适应消费者更加个性化的消费需求。

宜家家居遍布全球，而每到一个新的地区开店时，它都会借助大数据技术，对当地的文化习俗及消费市场进行多方面的学习与探索，这使它能够以最快的速度融入当地市场，迅速挤占市场份额，全面开展业务。

在来中国开展业务之前，宜家家居就对我国七大城市居民的生活习惯进行了大数据调研。通过汇总这些调研数据，对这些数据进行总结、归纳、整理与分析，宜家公司得出结论，中国都市人群普遍存在睡眠质量较差的问题，在家居领域，我国消费者更倾向于对优质床上用品进行消费，以改善自身睡眠质量。

基于这一数据分析结果，宜家家居便制订了主打改善睡眠质量的宣传策略，在宣传过程中，增大对床架、床垫、枕头和床上四件套等床上用品的展示版面，并在线下商城内部大量设置样品供消费者直接试用，其推出的一系列床上用品果然受到了广泛欢迎。

并且，随着城市人口不断增多，人均住房面积有所下降，通过对消费者在各大购物网站搜索、下单收纳产品相关数据的收集与分析，宜家家居准确把握消费者对日常杂物的收纳需求。基于此，宜家家居迅速推出具有各种花式收纳功能、外形简约大方的收纳产品，对症下药，解决了消费者日常收纳难的问题。

不仅如此，宜家家居内任意一件商品的组合与陈列，并不是任意摆放在那里的，都是经过大数据分析后的结果。

消费者在卖场进行组合下单、购买情况，甚至消费过程中的考虑环节，都有各种设备进行捕捉记录，宜家家居会对这些被记录的线下门店经营数据、用户行为数据进行归纳分析，总结出消费者对不同家居产品的组合倾向，并将最受消费者欢迎的相关联产品摆放到一起，在无形之中促进消费者的消费行为。

大数据技术为宜家家居不断改进自己的销售策略提供了强大的技术支撑。在宜家收集的海量消费行为数据里，都是对用户消费行为的洞察。运用大数据技术，企业能够精准识别用户特征，定位用户需求，依靠数据分析消费者的消费倾向，帮助企业制订高效的销售策略，解决一系列可能出现的问题，并且能够压缩销售成本，实现产品利润的最大化。

9.3　越来越精准的大数据广告

区别于传统广告存在的时间空间限制、受众的选择限制等问题，大数据广告可以带来新的优势，这可以从两个角度——大数据营销和精准广告投放来理解。

大数据营销是指，依托于多平台的大量数据与大数据、人工智能等技术，适用于数字化时代的新型营销方式。大数据营销的核心在于，在合适的时间，通过合适的载体，以合适的方式，将广告投放给特定的人，从而给企业带来高额回报；

精准广告投放要选择特定的目标用户和区域，采用文字、图片或视频三种形式，将广告准确地投放给用户。

利用大数据精准投放广告是信息社会特有的技术，海量数据分析能精准判断用户属性和行为模式，使广告投放有了清晰的目标和实现的基础。数据孤岛是限制大数据发挥最大价值的阻碍，例如，广告做得风生水起，却没有直接激发用户的购买欲望。

惠普商用打印机的成功营销正是基于广告的精准投放，有效地激发了用户的购买欲望。借助京腾智慧，腾讯将单个用户的娱乐、社交、资讯等数据，与电商购物数据完整对接，帮助惠普挖掘了大量潜在购买人群。

在潜在购买人群比较多的平台，惠普根据用户的习惯，以原生广告的形式实现与用户的对接，用户浏览广告后，就被无缝引流至电商网站，一键完成购买，实现品商联动。这为惠普带来了产品浏览量和销量的双重增长，实现了品商数据及营销信息到购买行为之间的无缝对接。

广告精准投放的一个重要影响因素是用户画像。积累的数据越多，机器学习与预测模型越成熟准确，广告的投放就越精准。目前一些原生广告平台不但能通过地域、设备类型、系统类型和网络类型等基础定向地、精准地投放广告，还可以通过为移动 APP 设置大量偏好标签进一步优化广告投放的效果。

利用大数据精准投放广告的前提是，对用户做标签属性的分类处理，最常见的方法是通过 IP 地址或浏览、搜索行为的整合对用户进行判断。例如，一位用户在一段时间内搜索过母婴产品，广告营销平台就会默认这位用户在一段时间内对母婴产品有需求。

精准投放强调广告的本质：对正确的人，以正确的方式，说正确的话，这三个正确是保障广告效果的核心。以往人们通过科学的手段探知并把握用户需求，进行市场预判，通过大众媒体实现全面覆盖。新的营销框架以大数据技术为基础，精细化管理广告投放，从而为准确实现三个正确带来可能。

如何找到正确的人？在现实生活中，每个人都是有个性、有体貌、有姓名、有职位、有身份、有地位的个体，通过这些特征能对其进行准确识别；在网络世界中，每一个用户都被标签化，即通过大数据技术将姓名、年龄、性别、生日、喜好、经历等属性及其他属性结合在一起，塑造出一个能够识别的虚拟用户，这个虚拟用户与现实生活——对应。

大数据时代，广告不再是简单的传递给用户就算是实现了精准投放，而是要通过大数据技术进行分析预测，根据用户个体的喜好和要求专门量身定制广告。大数据技术能为碎片化的广告市场带来更精准、更客观的测量，让广告变得精准，让广告主获得有效的价值传播。

9.4　爆火的跨屏广告与实景广告

随着移动终端的普及，智能手机已成为人们连接互联网的主要设备，同时，平板电脑由于其便携的特点也备受大众青睐。相反，电脑、电视等设备则受到大多数人的冷落。传统的电视广告、电视购物等逐渐失去其竞争优势，针对此种情况，跨屏广告与实景广告越来越受到广告主与企业的重视。

跨屏广告、实景广告是 5G 催生的新的广告应用场景。跨屏广告是指针对某一特定用户，可以为其在不同的设备的屏幕上推送相同广告，使其能够更加方便快捷进行购物消费；而实景广告则指的是通过 VR 或者 3D 投影，将具体位置的实际景象以互动的方式展示给消费者。

1. 跨屏广告

试着想象这样一个场景：一个消费者走进了一家购物中心，他看到购物中心一楼的屏幕上正播放着某个品牌的广告，并迅速对这个广告产生了兴趣。于是，这个消费者开始在屏幕上单击广告，然后在弹出的菜单中选择"将这个广告发送到我的手机上"。

这样的场景已经成为现实，可以通过 5G 和物联网完成。例如，通过输入手机号码让广告被发送到手机上，此时，他只要单击广告，就可以直接访问品牌的线上旗舰店，或者以十分精确的导航将他引导到品牌的线下门店。

5G 下的物联网能够让跨屏广告真正拥有现实场景，智能设备之间的直接通信是 5G 最典型的应用之一，而线上线下导航是 5G 发展前提下物联网和传感器的另一个典型应用。因此，在 5G、物联网的影响下，消费者的购物体验将进一步升级，企业也将获得更多基于用户行为的数据，这些数据可以提升广告的投放效果。

2. 实景广告

实景广告应用场景众多，房地产、景区、汽车、购物中心、游乐园和酒店等都非常适合运用这种广告投放方式。对于企业来说，实景广告就像"开箱"展示一样，可以给消费者更加真实的体验与身临其境的感觉。

目前，因为网速的限制，实景互动还无法在现实场景的广告上实现，而是只能通过网站或者 APP 载入。但是 5G 时代网速将会大幅度提升，实景广告也会逐渐代替简单的图片广告和视频广告，让消费者能够从任意视角和位置查看产品的细节。

9.5 数字化手段建立全触点营销

全渠道、全触点营销，是一种将消费过程中的关注重心转移到消费者身上的消费者渗透型营销模式。当前数字化技术迅速发展前提下，这种营销模式基于人与人、人与物、人与互联网高度互联互通的环境，打破了原本线上线下的分割，能够有效缓解企业消费者活跃度下降、业绩增长乏力等问题，为企业找到新的业绩增长点。

消费者与产品之间发生联系的过程中，一切可能产生沟通与互动的点都可以叫做触点，包括人与人、环境、物品的所有互动点，全触点营销便是通过将自己的宣传与消费者的每一种感官连接，吸引消费者的关注，体现自身产品的价值，从而赢得消费者的信任，最终完成交易。

营销环节的数字化转型升级在于依靠数字化技术或移动互联网平台不断链接消费者、贴近消费者，紧紧抓住消费者进行决策的触点，与其进行有温度、有质量的连接，才能够使消费者触点的价值得到真正意义上的实现，并从传统的流量思维向触点思维转变。利用数字化手段建立全触点营销，可以进一步打破线上与线下的壁垒，实现企业与消费者之间无数维度与形式的接触与连接。

当前移动互联网生态已经发展到了相当繁荣的程度，消费者的决策路径也前所未有的丰富，通过互联网，消费者能够随时了解到产品的价格、口碑等信息。线上搜索、私域流量评价、线下体验等方式都围绕着消费者这一中心概念展开，为消费者提供全方位、多角度、无缺口的产品消费体验。企业也能够更加贴近与了解消费者，快速响应消费者的需求与痛点。

基于移动互联网平台，企业能够通过电商平台、官方网站、品牌公众号、小程序商城或微信朋友圈等消费触点与消费者产生连接，在众多消费场景中主动出击，精准捕获目标消费者，将消费者从线上引到线下，并提供优质的配套服务。企业可以通过这些方式积极拉近与消费者之间的距离，建立起友好关系，并利用数字化平台对这一关系进行沉淀，使品牌与消费者之间产生紧密的情感连接。

例如，"一汽-大众"已经构建起包括微信小程序、电商平台、品牌 APP、官方微博、微信公众号与官方抖音号在内的线上平台与展会、品牌体验店、经销商门店网络在内的线下平台体系，通过全面的数字化营销转型，打通线上线下营销渠道，实现数字化的全触点营销。该企业还积极采用品牌中心直播、经销商直播等手段，在不同的触点矩阵中预埋相互引流的端口，使消费者能够在不同触点之间流动。

一汽-大众的全触点营销，始终坚持与消费者产生共鸣的营销理念，在直播营销等数字化技术的推动下，使品牌能够与消费者对话，驱动消费者交互体验的全面升级，使直播间成为品牌与消费者沟通的重要平台，与消费者之间产生更加有价值的链接。在强大的体系建设能力的基础上，不管市场形势是否低迷，一汽-大众始终如一地坚持在生产力、产品、营销多方面积极寻找突破口，建立起多形式的全触点营销，使一汽-大众能够经受住市场的长期考验，连续多年市场销量遥遥领先。

全触点营销的关键就是通过数字化手段将品牌的细节融入方方面面，不忽视任何一个能够吸引消费者目光的细节。不过，不管营销方式有多么丰富多样，先要保证自身产品质量过硬，同时以全面覆盖的营销为辅助，才能促进产品销量的不断增长。

9.6 数字化时代的移动营销

稳步进入大数据时代以来，生活在数字空间，每天上网都会产生海量的数据信息。从营销角度看来，这些数据信息经过分析处理便可以产生巨大的商业价值。数字化时代，整个市场的营销生态都在悄然发生改变，大数据、移动化、智能化的营销方式逐渐主导当前营销格局，移动营销越来越成为企业进行产品营销的重要手段，它也呈现出多样化的发展趋势。

数字化时代中，移动营销的主要发展趋势能够总结为以下4点，如图9-3所示。

1. 智能终端成为移动营销主战场

随着智能设备尤其是智能手机的普及，越来越多的用户涌入这片大数据的汪洋之中。用户使用的智能手机与平板时间不断延长，这也使移动网络的访问量呈现井喷式增长。智能终端的功能覆盖性也越发全面，消费者能够方便快捷地运用智能终端进行产品浏览、选择、购买的全部环节。而广阔的网络信息流中，也暗藏着无数产品营销的商机。

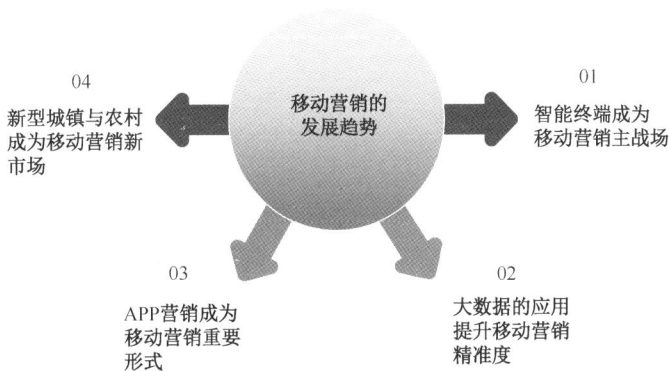

图 9-3　移动营销的发展趋势

这意味着智能终端将成为现在乃至于未来各企业之间移动营销的主战场，谁先策划好积极的营销战略，谁先根据智能终端的特点完善移动营销领域的布局，谁就能占据先机。

2. 大数据的应用提升移动营销精准度

运用大数据技术能够通过对消费者个人特征、消费行为、生活习惯等信息的采集与分析，快速高效地绘制出各品牌产品的用户画像，对营销信息与用户进行精准匹配，将消费者与产品之间更好地链接起来。

同时，大数据技术对于移动营销精准度的提升，还体现在通过对移动用户的分析，能够更加精准地探析消费者的需求，不断完善自身产品的特性；还可以根据用户日常浏览信息的不同，实现更加个性化的营销信息推送，一方面实现更加精准的营销推广，更一方面也能够降低用户不感兴趣的信息对其带来的打扰。

3. APP 营销成为移动营销重要形式

用户对移动互联网的使用主要通过各种类型的 APP 来展开，APP 营销无疑将会成为移动营销的重要形式。如今，用户在打开 APP 时往往会看到各式各样的开屏广告，这便是利用 APP 进行移动营销的重要表现形式。不仅是开屏广告，在用户使用 APP 过程中也会出现各种各样的广告，有些是显性广告能让用户直接辨识出来，而有些便属于隐性广告，在潜移默化中对消费者产生暗示。

4. 新型城镇与农村成为移动营销新市场

随着城镇化进程不断加快与互联网向农村地区的普及，新型城镇与农村地区的移动市场被开拓出来。作为农业大国，农村与农业人口占据我国全部人口的很大比例，移动互联网的普及使农业人口进行网络购物变为现实。抖音、快手等短视频 APP 在下沉市场的盛行，电商直播购物在新型城镇与农村快速流行起来，将巨大的农村消费市场彻底打通。

对于营销行业来说，大数据时代是一个充满挑战的时代，同时也是一个充满机遇的时代，各企业都应当抓住机遇，用于迎接挑战，根据不断发展变化着的时代情况及时挑战营销策略，实现自身快速发展。

9.7 虚拟营销：探索营销新模式

对于很多人来说，以 AR、VR 为代表的虚拟技术并不是陌生概念，2016 年被认为是"虚拟技术元年"，也正是从这一年开始，虚拟技术得到了比较广泛的应用，现在甚至已经可以应用到营销中。可以说，通过虚拟技术进行营销已经是不可避免的趋势。

在虚拟技术的帮助下，企业将获得更多潜在消费者与商机。例如，运动品牌 lululemon 推出的相关女鞋产品，并上线 AR 试鞋功能，以便更好地为人们提供试鞋体验。人们只要打开 lululemon 的微信小程序，点击 3D 空间，就可以查看鞋的 3D 模型，并进行一键试穿。而且人们只要滑动页面，就可以对鞋的样式、尺码、颜色等进行切换，可实时查看试鞋效果。

因为引入了 AR，所以即使人们正在走动，鞋的 3D 模型也可以贴合人们的脚步。AR 也将每双鞋的细节都渲染得十分真实，确保人们的试鞋过程是足够流畅的。

意大利服装品牌 Prada 推出了 AR 试包软件，人们只用站在相机前，就能以虚拟化的方式将不同的包背上身。Prada 还推出了手势识别功能，让人们可以在镜头前随意切换包的颜色和样式。这种 AI 极具智能感的 AR 软件极大地颠覆了人们的购物体验。

宜家推出名为 IKEA Studio 的 AR 应用，在这款 AR 应用上，人们可以感受自己的房间如果重新装修，会是什么效果。人们首先要打开这款 AR 应用，用其自带的相机扫描房间，系统会自动识别家具的大小、形状和位置，并以此为基础构建一个完整的室内 3D 图；然后系统会"抹"去之前的旧家具，在这个房间里放上新家具。

如果不喜欢 IKEA Studio 提供的装修方案，人们还可以自己选择家具，以及配色方案、装饰物摆放位置，灯光色调、墙面、窗帘等。等人们设计好自己心仪的方案后，IKEA Studio 就会生成 3D 图，让人们感受效果，并将分享给亲朋好友。

lululemon、Prada、宜家都积极引入虚拟技术，探索更新的营销方式。在这些企业的推动下，一场营销方式的变革正在悄悄发生。虚拟技术从改变营销方式开始，进而重构整个营销体系。企业通过虚拟技术赢得人们的支持认可，再进一步扩充营销边界，获得更好发展。

9.8　短视频与直播成为流行趋势

作为当前互联网平台中热门传播形式，短视频已经成为大多数人获取信息的重要渠道之一。另一方面，直播电商的规模也在不断高速增长，人们越来越倾向于通过观看直播的方式进行网上购物。

海量的用户需求与精准的兴趣推荐，共同促成了以抖音为代表的一众社交平台移动营销的热潮。对于企业来说，能否抓住这一营销风口，优化自身营销模式，成为当前行业竞争中致胜的关键。

1. 短视频营销

短视频营销属于内容营销的一种，主要借助短视频这一文化形式，抖音、快手等短视频 APP 这一传播媒介，将自己创作的有价值的视频内容向经过选择的目标受众人群进行传播，以吸引潜在消费者，促进其消费并最终达成实现交易的目的。

传统的长视频营销制造周期长，并且需要投入大量人力物力，而随着现代生活节奏不断加快，在这个观看影视剧都会使用"倍速+拉动进度条"的时代，人们逐渐失去观看长视频的耐心，长视频营销的优势地位也渐渐丧失。当高投入换不来对等的高收益时，顺应短视频 APP 火爆的大趋势，加上门槛低、入手简单、传播速度快等优点，短视频营销也开始在内容营销中占据主要地位，成为众多企业青睐的营销手段。

在当前互联网的流量池中，短视频可以实现对流量的快速收割，借助短视频营销，品牌能够与用户建立有效的沟通渠道，激发用户共鸣，提升用户转化率。同时，短视频的自身内容的深耕与恰到好处的平台选择还能够帮助品牌强化自身的品牌调性，实现品牌的破圈。

短视频营销还具有视觉冲击强、与用户交互性强、传播渠道广等显著优点。相对于传统的图书、电影等文化形式而言，短视频具有短、平、快的特点，并且通常会配有一个恰到好处、充满节奏感的背景音乐，这无疑增加了短视频的视觉冲击力，能够在用户接触到短视频的瞬间抓住用户的注意力，吸引用户继续观看下去。

在观看短视频的过程中，一个几分钟的视频往往并不会有着极为深刻的内涵，也不需要用户进行深度的思考，有利于用户在繁忙的学习工作生活之余宣泄自身的压力，这也是短视频平台自发行以来火爆至今的主要原因之一。

同时，短视频平台通常配备有完善的转评赞机制与分享机制，用户可以通过转评赞来表达自己对视频内容的喜爱，也可以将视频与自己的家人、朋友等进行分享讨论。这使短视频营销能够最大限度地进行私域流量的扩张。作为最为宝贵的资源，每个个体的分享与推荐是短视频营销能够获得成功的重要原因。

互联网的发展并没有边界，每个用户往往都会在自己熟悉且感兴趣的互联网圈层内部进行活动，如抖音与 b 站，快手与微博，这些平台上的用户重合率可能并不高。但是，一个内容优质的短视频能够跨越众多圈层，将无数用户连接起来，实现真正的破圈效应。而短视频时长短、节奏快、观点表达集中。基于此特性，短视频营销能够在互联网世界快速流通，毫不夸张地说，有网络的地方便可以运用短视频进行营销。

如今，短视频营销行业正在如火如荼地发展，各大品牌纷纷入局，持续发力，并都能取得不错的成果。以奶茶品牌为例，不管是"秋天的第一杯奶茶"这一热梗的火爆还是各大奶茶品牌不断推出的多种配方测评视频，都以短视频营销为奶茶行业注入了新的活力。

而在餐饮行业中，作为火锅品牌中始终占据优势地位的海底捞，也一直十分重视短视频营销这一赛道。人们常常能够浏览到以"海底捞隐藏菜谱"为内容的短视频，油豆腐皮包羊肉卷虾滑、海底捞捞汁小海鲜、番茄肥牛饭等海底捞隐藏网红吃法在各大短视频平台上十分受欢迎。这些视频的盛行使海底捞越来越受消费者的青睐，而海底捞也十分重视短视频中的"网红吃法"，积极做出回应，实现了流量变现的最大化。

不管是哪种营销方式，最终想要达成的目的只有一个，吸引更多的消费者以获取更多的收入。品牌运用短视频进行营销，实现了内容与传播方式上的双重创新。通过短视频获取更高的曝光量，以更贴近用户生活方式的手段将产品与消费者之间更好地链接起来，无疑是企业借势营销的制胜法宝。

2. 直播营销

作为一种创新的模式，直播带货变革了电商销售模式，弥补了电商销售模式的不足。在电商销售模式下，用户从购物网站上获取的产品信息通常是不全面的，因此难以判断产品是否真正符合自己的需求。同时，电商的出现使越来越多用户足不出户就能够买到各种产品，但缺乏购物过程中的互动体验，直播带货的出现则解决了这些问题。

在观看直播时，用户可以通过主播对产品的介绍及试用获得更全面的信息。同时，直播带货区别于传统电视购物"我说你听"的模式，能够实现主播与用户之间的实时互动，使用户获得更好的互动体验。那么，直播带货的优势具体表现在哪些方面呢？

首先，直播带货能够带给用户更好的购物体验。通过观看直播，用户可以了解到更全面的产品信息、明确产品功效及产品真实性，也可以随时与主播交流。

其次，除了购物需求，直播带货能够满足用户更多的需求。相比于电商销售模式，直播带货更具趣味性，同时也有极强的社交性。在观看直播、与主播互动的过程中，用户的娱乐需求及社交需求同样能够被满足。

最后，直播带货能够提升产品销量。在电商销售模式中，客服人员与用户是一对一沟通的，其沟通效果与效率都难以保证。而在直播带货的过程中，主播能够随时为众多的用户解惑，这能够有效提高用户下单率，提升产品销量。

直播带货能够实现主播与用户的实时互动，这不仅提高了用户的购物体验，满足了用户多样的需求，也有效提高了主播销售产品的效率。虚拟主播从诞生以来，便一直被认为是技术创新的代名词。从网络平台到电视荧屏再到电商直播，虚拟主播的应用场景不断扩展。而且我们不得不承认，与普通人物主播相比，虚拟主播具有不会生病、很少出错还可以 24 小时待岗、节省人力等优势。

也正是因为如此，虚拟主播成为很多企业追捧的对象。例如，淘宝直播曾进行了多场有虚拟偶像参与的带货直播；洛天依与知名主播携手直播的消息甚至一度登上微博热搜。虚拟主播的流量和带货能力完全不输真人主播，在很大程度上丰富了直播内容。

在直播领域的激烈竞争中，虚拟主播能聚焦消费能力强劲、追求新体验的年轻消费群体。此外，相比真人主播，虚拟主播更具稳定性和持续性，能够实现全天候直播。现在很多企业都在孵化自有虚拟主播。例如，自然堂、完美日记等都推出了自己的虚拟主播，而且为了让其形象更加真实，这些企业还为虚拟主播设定了名字、性格、人设等。

以完美日记的虚拟主播 Stella 为例，Stella 活泼、可爱，会在真人主播下班后上岗，肩负起夜晚直播的重任。当有新的观众进入直播间时，Stella 会愉快地和观众打招呼："欢迎宝宝，新来的宝宝帮我点个关注哦。"而在直播中，Stella 也显得十分专业，她会详细介绍店铺的产品、质地、价格等，同时还会提醒观众关注优惠券、购物津贴等福利。

为什么这些企业开始青睐于虚拟主播？因为很多企业的受众都是年轻用户，这些用户对虚拟主播有较高的认同度，同时夜间也是这些"熬夜党"高度活跃的时间段。虚拟主播能够发挥其不间断直播的优势，在真人主播下班后继续直播，吸引活跃于夜间的用户。

虚拟主播的出现为企业拉进自己与用户之间的距离提供了新观点和新思路，也让企业掌握了与用户深度互动的切入点。未来，虚拟主播也许可以在虚拟世界和现实世界之间穿梭，从而更好地为营销赋能，使企业的品牌和产品被更多用户了解和喜爱。

9.9 快闪店的即看即买模式

当传统的实体零售产业受到互联网电商的冲击，快闪店这一创意营销新模式就为品牌探索新零售行业提供了思路。快闪店通常只在一段时间内开店，不会在一个地点停留过长时间，充分抓住消费者的猎奇心理，往往会以新奇的创意、潮流的表现形式迅速孵化舆论热点，成为短时间内获取大量消费者关注的"网红店"。快闪店的特点也意味着它的受众多为年轻人，选址也多集中在一二线城市的核心商圈。

曾经有一家只营业 7.1 个小时的娱乐储蓄银行刷"爆"了朋友圈。这是由爱奇艺推出的创意快闪店，不仅营业时间为"奇艺"的谐音，更是只面对爱奇艺 VIP 会员开放，充分体现出该品牌对于 VIP 用户的精细化运营，如图 9-4 所示。

图 9-4　爱奇艺品牌快闪店

该快闪店融合了美妆、美食、音乐、旅行四大年轻人最为感兴趣的元素，为玩家们设计了许多精彩有趣的互动游戏。同时，爱奇艺还通过与屈臣氏进行跨界合作，在美妆展区为用户提供化妆台，能够给玩家带来独特的参与体验。

在整个体验过程中，爱奇艺实现了将 VIP 用户熟悉的线上权益转移到线下，在极短的营销时间内达成了大量用户参与与现场销量转化，并且使自身网络营销声量进一步扩大。

对于爱奇艺这种线上平台来说，行业内部逐渐出现拉新困难、会员数量增长存在瓶颈等问题。有赖于该线下快闪店的成功，爱奇艺品牌进一步提升了会员体验，以线下活动带动线上平台增长流量、汇聚人气、扩大宣传，更有利于深化会员的品牌认知，增强用户黏性。

快闪店不仅是一种能够为传统品牌赋能的新型营销方式，其销售模式更是迎合了消费者与商家双方的利益诉求。

对于消费者来说，一方面，快闪店即看即买的模式高效、便捷，能够节省购物时间，顺应当前快节奏生活方式；另一方面，当前线下购物的大型商圈，往往都是千篇一律的连锁店铺，不管是服装鞋袜、化妆品还是食品等都缺少能够让消费者眼前一亮的新鲜元素，容易产生审美疲劳，而快闪店便是这千篇一律中的一股"清流"，能够为消费者带来更加具有刺激感的全新购物体验。

对于商家来说，快闪店的经营时间较短，可以避免高额租金的压力；同时，短时间内能够吸引大量消费者，迅速扩大品牌声量；运用新媒体宣传进行造势，快闪店的营销也更加方便，能够以较低成本获取高回报率。

然而，这种即看即买的快闪购物模式也潜藏着一些问题。

第一，缺乏完善的监管体系，快闪店销售的商品质量难以保证。走进装修花哨的快闪店，消费者往往会被新奇的布置与产品潮流的外观弄得眼花缭乱，很容易不经过慎重考虑便盲目下单，最终买回华而不实的产品。

快闪店铺的商家也很容易陷入过度包装的怪圈，注重产品的外包装甚于产品质量。这就需要商家提高自身的诚信意识，注意把控销售产品的质量，为消费者提供物美价廉且具有实用性的优质产品。

第二，不仅是消费者即买即走，店铺也可以快闪。消费者购物回家之后，在使用过程中发现产品出现质量问题，而此时店铺早已闪走，消费者便无从维权。日前就有媒体曝光，有部分网店闪完就关，卖完东西后迅速消失，当消费者寻求售后服务时才发现已经人去楼空。

针对这个问题，有关部门与相关购物商场应该主动负起责任，在消费者购买快闪店商品而出现质量问题时，应该由相关商场负责售后服务。唯有厘清该销售模式的责任关系，才能为消费者提供放心购物的环境。

快闪这一销售模式固然是当前实体经济萧条与电商经济优势进一步缩小之间的突破口，但是企业仍然需要明晰：营销模式有千万种，唯有产品质量才是硬道理。只有不断高质量产品，才能够为消费者带来良好的消费体验，提升品牌信誉，吸引消费者持续消费。

9.10　亚马逊：借助大数据实现精准营销

随着科技的发展，营销方式也在迅速发生变化，精准营销的时代已经到来，在利用用户数据进行精准营销方面，亚马逊有许多值得借鉴之处。亚马逊利用自身收集的海量用户数据，运用大数据技术为每一个顾客打造充满个性化的网络商店，针对顾客进行精准营销。

1. 分析消费者各类信息与数据

当消费者在购物网站进行活动时，会产生各种各样的数据，大致可以分类为属性、即时、行为和社交四种数据。属性数据是指消费者的个人信息，即年龄、性别、居住地区等数据；即时数据指的是消费者打开网站后搜索的关键词以及点击访问的商品页面等；行为数据指的是消费者购买的属于何种品类的物品、消费者关注、收藏、加购物车的商品信息及消费者浏览的商品信息中表现出的行为偏好等；社交数据指的是消费者在消费过程中关于自身兴趣爱好及观点态度倾向的显露。

亚马逊收集到消费者这四种数据后，会从多个方面对其展开分析，首先是纵观消费者整个消费流程，对其打开网站后从搜索到访问页面及最后购买商品这个全流程产生的数据进行分析，从而更好地为消费者提供服务。其次，是对消费者的偏好信息，也就是消费者的兴趣爱好及浏览倾向偏好、对商品的态度等数据信息进行分析，从而得知消费者更倾向于关注哪种品类的商品，了解他们的倾向才能实现更加精准的营销推送。

2. 根据不同顾客群体进行个性化商品推荐

所谓精准营销，通俗来讲，就是将营销广告与对其感兴趣的消费者进行更好的匹配。此时就需要对消费者群体进行更进一步的分类，对每一类消费者推送他们可能感兴趣的商品相关的广告，实现对特定群体的精准营销。

为了实现对消费者的进一步细分，亚马逊借助大数据技术开发了聚类模型。这一模型能够实现把一个具体的顾客分配到与他具有相似购买习惯的顾客群体中，算法会持续对该群体的消费历史与评价进行数据分析，从而使这一特定的顾客群体的消费特征不断完善，针对特有的消费特征为其推荐与其需求最为匹配的商品种类。

3. 分析商品属性进行匹配组合推荐

基于消费者自然人的属性，属于不断发展变化着的消费因素，在对消费者群体进行细分时，也有可能出现并不是那么精准的情况，产生的推荐相关性还可以进一步完善。因此，亚马逊又开发出商品与商品之间的协同过滤。

对于某一种特定的商品，亚马逊可以通过详细分析商品属性，通过大数据技术为该商品找出与其最为匹配的一系列配套产品，也是消费者最有可能一起购买的商品，从而建立起完善的商品配套组合。

4. 基于购买历史打造个性化网络商店

利用大数据技术，亚马逊还创新了一种针对每一个消费者的个性化网络商店。当消费者登录亚马逊网站上的个人账户时，能够看到网站设置的一个名为"为我推荐"的链接，当消费者进入这个链接后，会展示出亚马逊使用算法技术根据消费者以往的购买历史生成的其可能感兴趣的推荐商品。

消费者还可以对系统推荐的商品进行评价，使这个系统不断优化升级，更为符合消费者的偏好，拥有专属于自己的个性化网络商店。

第 ⑩ 章

服务转型打造极致体验

数字化时代，企业提供的产品与服务也朝着智能化、信息化迈进。推进以服务为驱动力的产业转型升级，为客户或用户提供更精细化的服务，提高客户或用户的满意度和忠诚度，使企业能够抓住时代发展机遇，在激烈的行业变革中始终占据领先地位。

10.1 拥抱技术，优化用户体验

越来越多的技术不断涌现，消费者的用户体验也在向好发展。随着互联网技术发展渐趋成熟，人工智能概念也走进大众视野，愈发炙手可热，越来越多的企业都在围绕人工智能技术进行业务布局。人工智能不仅大大提升了企业的商业效率，很大程度上也能够优化消费者的用户体验。

作为一家在金融、电商和云计算领域全面开花的 IT 企业，京东在人工智能领域也进行了深入探索。在成本、效率和用户体验这三大核心点上，京东都已做到了业界前沿水平，未来，京东将使用人工智能的方式使用户体验提升到一个全新的水平。

人工智能的关键点就在于应用场景与大数据技术，而京东有非常多的应用场景可以支撑人工智能的落地实践。例如，京东已经推出的叮咚智能家庭助手，就是人工智能技术在家庭场景里的应用，可以在家庭生活中提供各种各样的服务。例如，智能家庭助手可以根据冰箱里的食材为用户推荐合理的菜谱；随时随地帮助用户查询快递进度；综合比较各家品牌信息为用户提供想购买的商品的优惠情况等。

京东人工智能技术对用户体验的提升体现在方方面面，例如，可以抓住用户个性化需求为其提供定制化服务的智慧营销、为用户提供优质物流体验的智慧物流等领域，人工智能都有极大的发挥空间。

京东更是表示，将要在智慧物流领域大力推动无人机、无人车、无人仓的发展，运用人工智能技术不断优化自身的物流服务。

对于偏远地区与乡村地区的消费者来说，虽然电商购物已经初步普及，但是由于物流难度较大，目前进行网络购物还是存在一定困难，京东的无人机技术便可以用于解决这一问题，通过这一技术，可以将商品定点运送到偏远的乡村地区，为当地居民的移动购物提供便利。

京东还推出无人车与无人仓计划，通过无人车将商品配送到用户手中，极大地降低企业自身人力成本的同时，也使用户在接收快递时直接与机器对接，避免出现时间不匹配等问题，优化了用户体验；而无人仓技术用人工智能指导生产，将机器人融入生产过程，全面提升仓储效用。

企业未来的发展方向必将是更加信息化、智能化，而用户体验的提升也必将来自于技术的发展。通过运用人工智能、大数据、互联网和物联网等新技术，感知用户的消费需求，预测市场的消费趋势，引导企业生产，能够为用户提供更加个性化、多样化与产品化的服务。

进入智能化时代，新技术只是一种手段，通过深度挖掘与运用新技术，企业能够有效提升自身服务水平，最终为用户带来全新且优质的用户体验。

10.2　云计算实现按需+主动的服务

云计算是一种超级计算模型，它借助虚拟化技术将巨大的软硬件资源整合在一起，形成更高效的计算能力，为用户提供各种 IT 服务。

云计算平台通过租赁的方式帮助没有硬件设施的用户获得计算能力。但在大规模部署的场景下，重复的手动操作不仅容易出错，还会浪费用户大量的时间。解决这些问题最合理的方法是通过自动化技术将操作抽象化。

云计算的核心是海量数据的存储和计算，本质是虚拟化技术的应用。用户可以很容易地利用云中的服务（SaaS）、平台（PaaS）和计算硬件及网络资源（IaaS），充分整合公共网络的计算能力，满足大规模应用系统的需要，实现复杂的自动化信息系统的控制。

数据对于用户服务而言同样非常重要。有了云计算提供的数据后，企业可以为用户描绘精准的画像，并在此基础上提供更加满足用户需求的服务。

玖富是中国移动互联网金融综合服务平台，成立于 2006 年。经过十多年的发展，玖富积累了各种各样的数据，当用户需要服务时，玖富就会根据用户留存下来的数据提前制订一份服务方案，极大提高了服务效率和服务质量。同时，玖富还凭借自己的数据优势，对用户进行分类处理，根据后台任务列表，通过一些比较流行的方式，例如，私信、评论、点赞等实现与用户的互动，提升服务的精准性和有效性。

云计算的发展同样也为用户联络中心的发展提供了新的动力，开创了新的发展方向，提供了更好的体验。

有一家企业希望通过向用户了解一些问题，来确定产品的外观。通常的做法就是客服人员直接打电话给用户来沟通此事，但该企业的解决方案是以自动化、智能化的方式来完成工作，这样既节省了成本又减少了对用户的打扰。

具体来说，系统会通过短信、微信或其他任何文字沟通的渠道自动向用户发送一个问题，由此启动一个交互流程，进入双向对话状态。信息所传达的内容如下："您是否有兴趣帮助我们回答几个问题，凡是愿意这样做的用户都能得到30%的优惠。"

另外，信息的后面还要附上一个链接，如果用户感兴趣，点开这个链接，就可以花费一两分钟的时间在跳转的页面上填写相应的答案，之后再提交即可。通过用户提交的答案，用户联络中心的客服人员就可以主动打电话给这位用户，提升工作效率。

用户联络中心提供的自动化服务离不开用户融合系统和记录系统。其中，用户融合系统支撑着企业与用户之间的交互、沟通和交易，体现出用户联络中心解决方案的全渠道能力；记录系统包括传统的录音系统，保存着有关用户和所有业务的数据，与企业的 CRM 系统紧密集成，融入用户联络中心解决方案。

通过这些不同系统之间的完美集成，云计算才能成功地实现用户服务的自动化。如今，很多工作都可以通过自动化来完成，这可以大幅度提升用户体验和客服人员的工作效率，也可以给企业带来巨大的利益。

10.3　大数据让服务更精准

大数据真正的核心并不是简单的数据运算，而在于能否挖掘出数据之中蕴藏的信息。对于企业来说，应当如何借助大数据技术提高服务水平呢？大致可以总结为以下 4 个方面，如图 10-1 所示。

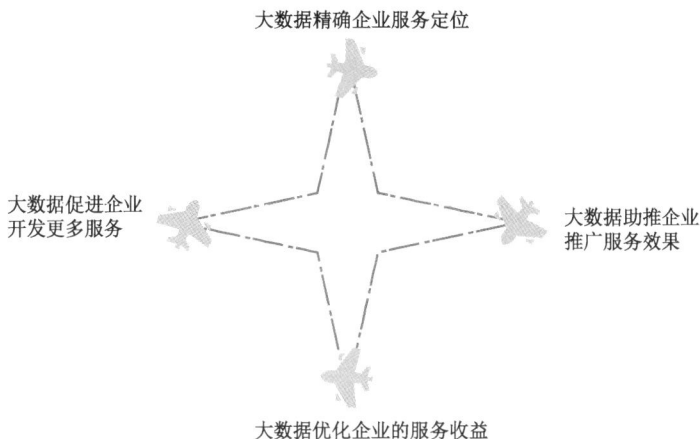

图 10-1　企业借助大数据提高服务水平的 4 种方式

1. 大数据精确企业服务定位

任何一个品牌的发展都离不开精确的市场定位，企业想要为消费者提供精准服务，也需要以服务定位作为前提。

大数据技术的运用能够快速收集市场数据并进行分析，是企业进行服务定位的第一步。大数据技术还能够帮助企业不断拓宽市场数据调研的广度与深度，从而获取关于行业中竞争者的相关信息或是获得同品类产品服务类型及消费者需求等众多信息。

例如，作为鞋服产品供应企业，就可以通过应用大数据技术对市面上其他发展状况良好的鞋服品牌的数据进行收集，并分析其为消费者提供的服务主要从哪些方面开展，如售后期限、退换货保障和损坏赔偿方式等。通过对同品类竞争者及其消费者反馈情况的分析，结合自身实际发展情况，企业能够对自身提供的服务进行快速定位。

大数据的运用使数据的收集与管理更加科学、更加系统，能够使企业针对特定问题提出更好的解决方案，使企业的服务定位更具个性化，提高企业的行业竞争力。

2. 大数据助推企业推广服务效果

掌握竞争者的动态，分析消费者倾向以进行精准服务，这二者都是企业开展服务工作的重中之重。获取行业数据并进行统计分析的过程，能够使企业充分了解市场行情，掌握同品类竞争者提供服务的情况，同时也能更加清楚地了解自身服务水平在行业中所处的地位，从而根据具体情况调整自己的服务策略。

作为市场竞争的主体，企业不仅需要着力于提升自身的服务质量，还需要掌握正确宣传自身服务优势的方式方法，才能依靠服务优势吸引更多消费者，实现良性循环发展。

大数据技术是企业进行服务优势推广的有力手段。通过运用大数据技术分析竞争者的动态，企业能够掌握自身的优势，有利于企业将自身在服务领域的优势更好地宣传出去。

3. 大数据优化企业的服务收益

利润是企业一切行为的根本出发点与落脚点，因此，良好的收益是保障企业进行持续精准服务的前提。在为消费者提供优质服务的过程中企业获取可见收益，才能够使企业拥有保持精准服务的动力。

收益管理，是关于企业如何实现收益最大化的一门学科，意在通过合适的手段在合适的时间将合适的产品与服务出售给最合适的消费者，从而实现自身产品收益的最大化。

在进行服务领域的收益管理的过程中，大数据的参与能够更好地收集消费者反馈、细分收益来源、进行比较分析等。企业应明晰服务质量的高低与收益水平的高低之间的对应关系，以及不同时间段采取不同服务的收益效果，并根据数据分析的结果积极调整服务策略。

4. 大数据促进企业开发更多服务

互联网平台不断扩展，越来越多的媒介平台涌现出来，各种网站的点评功能也愈发完善。当前，消费者能够通过移动网络随时随地发表自己对商家提供的服务产品的评价与看法，收集这一部分数据信息，既能够帮助企业从中提取出消费者对服务的预期，也能捕捉到新的消费需求。

基于此，企业不断改进和创新自身服务方式，通过开发新的服务手段以吸引消费者注意力，迎合消费者的取向，从而获取更多收益。

大数据的开发与利用，对各行各业来说都有着极大的积极影响。作为给消费者提供产品与服务的企业来说，如何更好地将大数据技术与为消费者服务结合起来，在提供优质服务的同时提高自己的收益，是身处如今的数字化浪潮中应该不断思考与实践的命题。

10.4　数字孪生推动服务变革

伴随数字化技术在产业互联网与消费互联网的深度应用，数字孪生技术得到了更加广泛的应用与推广。现阶段，数字孪生技术在提升企业生产效率、拓展市场与新的经济增长点、实现兼容并包的可持续化发展、促进经济增长等方面都发挥着积极作用。在服务领域，数字孪生技术的应用能够推动服务的变革。

当前许多行业都将数字孪生技术纳入服务体系，希望可以更好地满足消费者对消费体验的高要求。

Z 世代是指出生和成长于技术发达的时代，崇尚个性与自由，强调身份认同感。人们愿意重新审视自我，十分重视消费体验。而数字孪生则凭借可以融合虚拟与现实的特点，帮助人们切换不同的身份和角色，在消费过程中获得沉浸式体验。

例如，Tribute Brand 是一个号称无运费、无浪费、无性别、无尺寸的虚拟时装品牌，该品牌的目标消费人群就是 Z 世代的年轻人，为他们提供以数字形式存在的产品与相关配套服务。消费者在 Tribute Brand 消费后，得到的不是一件衣服，而是一张由后台工程师建模形成的 CGI 图片。

Tribute Brand 在刚推出虚拟时装时也曾备受质疑，毕竟它只是在贩卖一堆由数字构成的图片，看不见也摸不着。然而在当前虚拟文化盛行、消费需求的个性化日益凸显的时代背景下，Tribute Brand 的出现给时尚行业注入了新的活力。

Tribute Brand 的服装设计新奇又充满吸引力，而且非常逼真。例如，名为 REPEK 的鱼尾礼服裙，如图 10-2 所示。

图 10-2　REPEK

这条礼服裙色彩鲜艳，带着金属光泽，像是从童话世界走出来。而且褶皱处设计十分精巧，有手工缝制的高级感，不像一般 PS 的图片一样粗糙，就连裙摆处起伏的弧度也进行了精心设计，几乎真的像一件高定礼服。

借助数字孪生技术，消费者无需进行线下购物，就能够在 Tribute Brand 品牌中自由选购自己心仪的虚拟时装，并享受品牌提供的一系列配套服务。数字孪生技术拓展了企业的服务场景、服务方式与服务内容，能够为消费者带来更加丰富的消费体验。

从 Tribute Brand 的实例中不难看出，传统的实体时尚要兼顾工艺性、功能性和可持续性，在设计上有诸多局限。而虚拟时装则仅需考虑数字化技术水平与视觉效果的展示，它可以实现各种大胆的视觉设计，紧跟潮流的脚步。虚拟时装拓展了人们的想象空间，使人们能够在享受虚拟服务的同时获得精神与情感上的满足。

随着社交网络的爆炸式发展，人类许多活动都进入了虚拟世界，包括社交、游戏和时尚等。虽然，虚拟时装的初衷是改变时尚行业浪费的现状，但随着虚拟世界的完善，虚拟时装也许就不再是实体衣服的替代品，而是一个新的消费领域。

不仅是时尚鞋服领域，在其他领域中，借助数字孪生技术打造的虚拟世界，也能够给消费者带来全新的优质服务。

在线下消费中心中，通过应用数字孪生技术，企业能够打造虚拟商圈。例如，结合 VR 技术的手机实景导航，能够以第一视角为游客提供指引服务，不熟悉地形情况的外地游客也能够在陌生的环境中快速找到目标店铺。依托数字孪生技术的虚拟商圈能够使消费者在虚拟与现实之间自由穿梭，享受到各种新奇的智慧服务。

数字化手段与时尚、科技等元素进行有机结合，能够从场景体验、服务模式到基础设施建设等诸多方面对传统零售与服务进行全面升级。从进店、逛店到离店，消费者能够享受到全场景、全流程的智能化服务。数字化技术在服务领域的应用，推动着企业服务业务的全方位变革。

10.5　全息投影使远程服务成为现实

在数字化时代，用户可以通过全息投影浏览产品，实现远程实时服务。目前，全息投影主要用于广告宣传和产品发布会中的展示，这可以给用户带来全新的感官体验。5G 等先进技术则可以将这种感官体验实时传递给不在现场的用户，从而进一步扩大宣传的范围。

例如，某企业推出了一款新鞋子，若想打动用户，已经不能使用传统的文字+图片的策略，因为这种策略很难满足用户的心理需求。在这种情况下，企业需要寻求新的宣传手段进行产品展示，而全息投影就是一个很好的选择，其展示效果如图 10-3 所示。

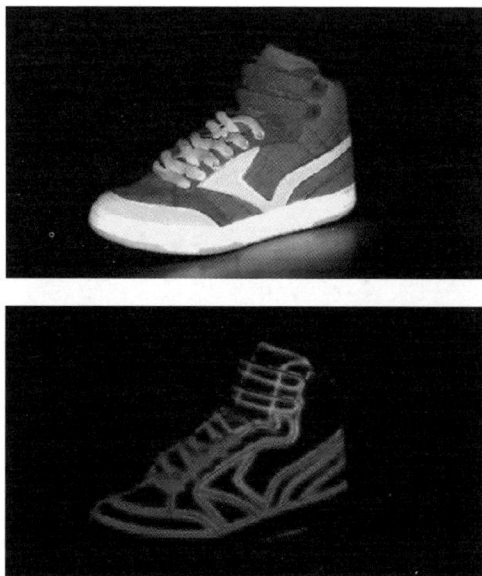

图 10-3　新鞋子的原图与全息投影图

由图 10-3 可见，全息投影生动地展现了这款鞋子的特色之处，让其更加鲜活地出现在用户的眼中。在相对黑暗的环境下，全息投影可以利用线条勾勒鞋子的轮廓，使其形成相对立体的模型。当不同形状的图案交叠在一起时，有利于展现出对鞋子细节处的设计。

通过全息投影，在用户没有看到实物之前，可以猜想鞋子的样子。鞋子不仅是用来穿的，也能宣传一种理念。全息投影可以根据企业的需要，为产品量身打造从色彩、形状到表现形式都能符合用户偏好的设计。这样的设计可以突出产品的亮点，使产品获得更多用户的喜爱。企业也可以因此销售更多产品，获得更多利润。

全息投影在产品展示方面具有极其突出的优势。企业将想要推广、宣传的产品放在全息投影橱窗中，可以凭空出现立体影像，360° 旋转，更好地吸引用户的注意力，给用户留下深刻的印象。

与传统的产品展示不同，全息投影的产品展示能够运用生动的表现方式，赢得用户的喜爱。如果将全息投影应用于 T 台走秀中，还可以将模特的服装与走步刻画得十分精妙，让用户体验虚拟与现实相融合的梦幻感觉。

如今，全息投影的应用范围已经很广泛，如商场与街头的橱窗中等。全息投影将打破空间的限制，使用户获得远程实时体验，更好地向用户展示各类产品。这样不仅能让用户更加了解产品，买到心仪的产品，还能为用户留下深刻的印象，利于后期的大规模销售。

10.6 打通会员体系，提供更流畅的服务

目前，一些传统的专注于线下销售的商家在推动新零售落地的过程中，线下门店经过长时间的发展，其会员系统已经趋于完善，大多处于独立运转状态，极容易出现与线上商城系统的割裂问题。这就不免出现线下门店进行消费的积分，无法在线上购物时使用；而线上购物中获得的优惠，也无法在线下兑换的情况。会员系统的混乱不仅使商家难以进行精准的会员营销，也给用户造成困扰，使用户体验感大幅度下降。

为优化消费者购物过程中的消费体验，满足消费者日益多元化的消费需求，打通线上线下会员体系，是各企业进行产业升级，推动新零售落地的题中之义。

作为当前国内大型粗粮食品经营企业及国家级农业产业化龙头企业，致力于五谷杂粮细分领域的安徽燕之坊食品有限公司（以下简称燕之坊），专柜遍布全国，消费者群体基数庞大。燕之坊线下门店已建立起独立的会员系统，会员数量已经达到百万。在新零售转型过程中，燕之坊牵手有赞微商城，为消费者提供线上消费平台，目前，"燕之坊谷养会"公众号已经积累了数十万粉丝。

有赞平台帮助燕之坊成功打通线上线下会员体系，实现了会员信息的同步及运营手段的统一。

对于消费者来说，打通会员体系能够带来更多的便利。线上线下积分互通，能够将线下购物获得的积分优惠在线上商城使用，而会员也能够通过关注公众号随时随地在微信中查看自己的积分明细，及时获取优惠信息。同时，消费者在线上商城下单后，可以自由选择物流配送或者线下自提两种提货方式，物流配送更加便捷轻松，而线下自提会根据消费者所在地区分配距离最近的线下门店作为提货点，能够让消费者在最短的时间内收到商品。

而对于商家来说，打通会员体系则能够更加精准地定位会员属性，为消费者提供更加个性化的服务。线上会员信息更加透明化、具体化，数据的统计与管理也更加方便，同时，线上商场拓宽了用户的反馈渠道，商家可以根据反馈信息有针对性地改进自己的服务。

不仅某一企业内部需要进行线上线下会员融合以实现服务转型，不同企业之间也有通过合作打通会员体系的案例。

近日，万豪酒店集团宣布将与支付宝打通会员体系，支付宝会员可以凭借自身等级兑换万豪旅享家会员的相应等级，并享受会员权益。如图10-4所示，支付宝的铂金会员可以兑换万豪银卡，钻石会员则可以兑换万豪金卡或120天白金体验卡，白金卡会员可以享受7折订房等优惠权益。

支付宝会员 ∞ 万豪旅享家会员

钻石会员　　　　万豪尊贵金卡

铂金会员　　　　万豪尊贵银卡

黄金会员　　　　万豪旅享家会员

大众会员　　　　万豪旅享家会员

图 10-4　支付宝与万豪会员等级对照表

万豪酒店集团负责人表示，这次合作的背后是万豪集团对支付宝会员消费能力与高黏度的重视，通过与支付宝建立战略合作，能够为消费者提供更加丰富的服务。

万豪集团并不是与支付宝实现会员互通的个例，许多企业都看中了支付宝会员高净值的特性。企业通过与支付宝会员体系互通，企业在直接获取优质顾客的同时，顾客也能够以较低成本使用会员权益，扩展了自身消费场景。

随着各企业服务能力与模式的不断发展，消费者的消费意愿进一步提升，各企业之间的跨界合作也更加深入，有利于高效连接消费者衣、食、住、行、娱乐等各大消费版块，释放出巨大的融合力量。

10.7　售后服务如何实现智能化

一如其他生产与消费环节，数字化发展时代，售后服务领域也正在寻求智能化转型。相信大家都有过产品出现问题后进行人工售后的体验，客服回复速度慢、沟通成本高、售后环节冗杂且效率低下，这一系列问题可以说是屡见不鲜。售后难、售后慢的问题也一直是横亘于商家与消费者之间的一座大山，消费者难以翻越，自然而然不会进行复购，商家便难以留住消费者。

智能售后平台便是解决这一问题的重要手段。智能售后服务平台采用类似于外卖的服务形式，消费者可以任意选择电话、网站、APP、小程序等方式，根据自身需求提交订单，后台便能够形成工单进行统一处理。工单形成后，企业可以选择将其派给第三方服务商或服务人员，也可以选择自动派工或手动派工，设置自动派工规则后，工单的处理则不再需要人工干预，极大地降低了人力成本。

智能化的售后服务管理平台，为全场景、全流程企业售后管理提供了解决方案，能够覆盖多种不同行业，使企业客户服务实现数字化飞跃。智能化的售后服务管理平台促使企业拓宽售后报修渠道，实现立体化多渠道报修及自动化售后工单处理，助力企业实现数字化转型。

许多制造企业都面临着经销商数量多、企业与各经销商之间多项费用结算规则与周期各不相同的问题。当产品流通到消费者手中却出现问题时，售后便需要经历很多环节，还需要耗费大量人力进行核查。面对这一问题，智能售后平台通过智能化工单管理、自动化费用结算、精细化备件管理、立体化服务渠道等，能够为企业打造优质的售后服务体系。

智能化工单管理支持自定义工单处理流程，能够根据企业自身实际需要的业务创建多种工单类型、设置工单服务流程，实现售后服务的信息化与智能化。

自动化费用结算可以实现在不同区域与不同级别的服务商之间设置不同的结算规则，从而帮助企业解决与各经销商之间结算差异问题。

精细化备件管理通过实行总部库存、网点库存与员工库存三级库存管理体系，能够实时监测库存动向，查看备件库存情况，还可以设置备件库存预警，实现真正的精细化备件管理。

立体化多渠道报修从消费者角度进行产品升级，使消费者无需人工客服，可以通过多种形式进行自主报修。并且，消费者还能够通过移动网络随时查看报修工单的处理进度，使售后体验进一步提升，增强对企业的信赖。

智能售后服务平台通过应用数字化技术，将基础性、重复性的工作都交给计算机来完成，使售后服务管理流程更加清晰透明，消费者反馈的问题也能够及时处理，提升企业工作效率的同时，也大幅度提高了消费者的满意度。

10.8　智能客服助力服务升级

传统的人工客服存在许多问题，例如，繁多的业务使客服无法及时回答客户问题、等待时间过长、夜间没有客服、中小型企业客服专业性较差、人力成本过高等。

随着技术的发展，特别是人工智能、云计算等技术的成熟，使越来越多的人工智能客服被应用到售后领域，轻松解决传统人工客服存在的问题。智能客服的核心是人工智能自然语言处理算法。目前这种算法已经发展到相当成熟的地步，在 2023 年涌现出的 ChatGPT 这类大模型，其多轮对话和内容生成的效果十分惊艳，获得了人们的广泛关注。

ChatGPT 模型来自名为 OpenAI 的人工智能研究实验室，基于一种名为"transformer"的算法，通过利用海量的文本数据进行训练优化，ChatGPT 能够通过模仿、学习并理解人类语言的方式，能够像人类一样对话，它被称为当前市面上最优秀的对话式人工智能，拥有着强大的人机交互能力。

ChatGPT 这类自然语言处理大模型非常适合被应用到智能客服领域，在国内也有许多巨头企业在持续研究这类大模型，通过对人工智能与云计算等技术的开发，使智能技术全面赋能售后服务领域的革新。其中，百度云智能客服就是百度将人工智能技术赋能企业的客服业务，为企业客户提供全生命周期、全渠道、全能力的售后场景解决方案。

面对移动端、PC 端、语音端等多种终端渠道，百度云智能客服依托强大的底层人工智能技术与可扩展、可用性强且稳定的云计算技术，在海量通信资源的支持下，能够为客户提供丰富的 PaaS 产品，并构建先进的智能对话平台。

在该智能平台中，百度为各类垂直领域的企业客户提供了专业的客户服务，推出功能完善、场景丰富的人工智能客服服务模式。这一平台的应用，有助于企业实现降本增效，实现客服业务的智能化、数字化转型升级。

百度云智能客服与浦发银行实现合作，为其提供了一系列智能客服解决方案。根据预先导入的号码，具有话术配置的智能语音机器人能够自动外呼，高效识别潜在客户；设置回访智能机器人，定期进行满意度回访，将满意度较低的客户转接到人工客服处理问题，使工作效率得到提升；智能客服还能够自动保存完整的通话录音，使质检、技术部门能够随时对通话内容进行分析研究，不断调整并改进智能客服的应用方案。

百度云智能客服为浦发银行提供的智能客服解决方案，在意图识别、智能化程度与对话流畅度等方面达到了业内领先水平，人工转接率不断降低，不仅使浦发银行的人力成本大大降低，还充分保障了用户的体验，使浦发银行的服务效率进一步提升。

在人工成本飙升的今天，人工智能客服是一条值得企业深入探索的全新路径。在数字化的驱动下，未来将有越来越多的人工智能客服涌入市场，成为企业数字化人才储备的中坚力量。

展望篇

数字产业发展新视角

　　基础篇和应用篇都聚焦在企业视角来展开论述。在基础篇论述了企业数字化转型的三个阶段，从信息化到数字化，再到智能化，以及企业进行数字化转型的方法论。在应用篇探讨了制造业企业进行数字化转型的若干场景。在展望篇，将上升到产业视角，把企业的数字化和智能化统称为数字产业，探讨数字产业、社会、经济等各方面的发展趋势。

第 11 章

产业革命浪潮席卷而来

随着新一代信息技术的发展，数字经济在各行各业中发挥着越来越重要的作用，数字产业革命的浪潮席卷而来，给各行各业都造成了巨大冲击，数字经济正在重塑传统产业，促进创新和创业，提升生产效率和经济增长，同时也带来了新的机遇和挑战。本章将对各行各业的数字化转型做一个综述。

11.1 数字化转型既是技术革命，更是产业革命

数字化转型不仅是一次技术革命，更是一场由技术革命引发的产业革命，它将深刻地改变现有产业的生产方式、市场格局、竞争格局，以及微观企业个体的商业模式、组织形式和管理方式。回顾历史，每一次技术革命都会引发新的产业革命。

第一次工业革命，蒸汽机的发明使得工厂出现代替了手工制造；第二次工业革命，发电机的发明使电器取代了机器；第三次工业革命则是信息技术革命。每

一次新技术的出现都将改变产业，推动着企业生产方式、组织架构的改变。如今，数字化再到智能化很可能是正在发生的第四次产业革命，谁能率先完成数字化和智能化，进行产业革命，谁便能先获得产业新机遇。

与前三次的产业革命相比，此次的产业革命的特点是它不仅改变了经济和生产方式，而且还具有深远的社会、政治和文化影响，如图 11-1 所示。

图 11-1　新一轮产业革命的影响

1. 社会生产和生活方式变革

新一轮产业革命并不局限于单一领域，而是深刻影响多个行业领域。人们的生活和工作方式正在发生深刻的变化。例如，电商、共享经济、在线教育等新兴业态正在迅速发展，人们的生活更加便捷、高效。由于人工智能等技术的发展，一些传统的工作岗位将会被取代，社会面临新的就业和职业转型的挑战。人与技术的融合越来越紧密，人与机器的边界、现实世界与数字世界的边界也越来越模糊。

2. 政治和经济秩序受到挑战

新一轮的产业革命使得全球化和网络化趋势也日益明显，不同国家和地区之间的联系更加紧密，这给政治和经济体系带来了新的挑战和机遇。例如，虚拟经济和数字货币的发展，将会给传统经济秩序带来冲击和挑战；人工智能算法对舆论的影响、数据隐私的安全等问题，将给政治秩序带来冲击和挑战。

3. 文化多元化和信息碎片化明显

新一轮的产业革命几乎在全球同步发生，使得信息和文化的传播更加广泛和快速。数字化技术和应用平台让人们可以更加方便地获取信息和表达观点，促进了文化的多元化发展。同时，智能推荐算法造成的信息茧房，ChatGPT 这类 AIGC 技术的泛滥，使得信息碎片化和噪声化趋势将更加明显。

11.2 产业体系升级：纵向封闭→横向层次化

传统企业使用的是纵向封闭的产业体系，产业边界十分清晰。企业生产的每一件产品都凝聚着所有员工的努力。纵向封闭的产业体系指用一件产品呈现员工共同奋斗的价值，再用这件产品实现价值交换。

纵向封闭的产业体系可以解决规模化生产的问题，但随着产业体系的升级，企业要提升自己的反应速度和响应能力，因此，横向层次化的产业体系成为未来发展方向。产业体系主要分为 3 个层次：基础设施层、产业能力层和业务生态层。如图 11-2 所示。

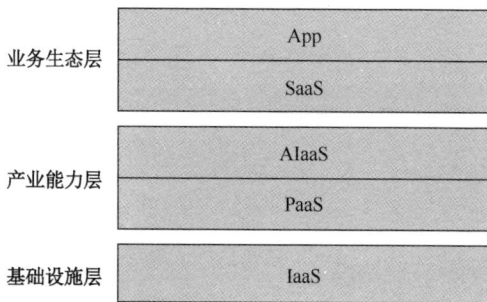

图 11-2　产业体系的 3 个层次

其中，基础设施层 IaaS（基础设施即服务）可能会形成以基础设施资源调度为服务的产业体系，实现算力、存储、网络等物理基础设施的资源共享。

产业能力层整合了 PaaS（平台即服务）和 AIaaS（AI 即服务），由提供适用于产业场景需求的软件平台、海量数据和算法模型的企业组成，负责为更上层的企业进行业务或技术赋能，实现业务社会化，降低业务的专业门槛，基于业务赋能，可以使业务行为简单化，做到快速满足市场动态化、个性化和场景化的需求。

业务生态层包含 SaaS（软件即服务）和 App，由大量的提供软件服务和应用的企业组成，主要提供个性化服务，个体规模较小但数量庞大，与基础设施层和能力产业层相比，更贴近客户和用户，利润也可能更高。

11.3　数字化如何赋能医疗产业

随着企业积极进行数字化转型，数字经济与实体经济深度融合的进程加快，数字技术飞速发展。数字化趋势正在赋能各行各业，特别是在医疗行业具有广阔的发展前景。伴随着人工智能、云计算等科技的发展，医疗行业迎来了新发展，如图 11-3 所示。

图 11-3　医疗行业的新发展

1. 全新供需关系

数字化赋能医疗行业，使其出现了新的服务方式和新的支付方式，解决了之前患者未被满足的需求问题，提高了医生临床能力，重新定义了医疗服务供需关系，使供需关系趋于平衡。

2. 场景迁移

场景迁移指的是医疗场景由医院转向家庭，由线下问诊转向线上咨询，由中心化模式转向去中心化模式。这不仅可以减轻医院的压力，还可以提高病人的便利性和舒适度，方便了病人与医生的交流，同时缩短了医疗服务的等待时间。

3. 精细化管理

数字化不断赋能医疗产业，重新构建以患者为中心的医疗模式，搭建医院信息管理系统和数字化平台。医院信息管理系统可以对患者进行信息管理，如患者的病例记录，药品使用情况，检验项目等。搭建数字化平台可以实现医院内部数据共享。医生可以看到实时就诊人数，病例单等信息，合理安排问诊流程，缩短患者等待时间，降低错误发生的概率。

4. 辅助诊断

人工智能可以通过分析大量的病例数据，提取出有用的信息和规律，辅助医生进行快速、准确的诊断，减少医生的工作量，提高工作效率。例如，人工智能可以通过对医学影像的处理和分析，快速检测患者身体部位的异常情况，同时还可以为医生提供更精确的诊断结果。

虽然数字化仍在发展中，但数字化赋能医疗行业已经是大势所趋。医疗行业数字化将会满足患者更多的需求，为患者解决更多的困难。医疗数字化与每个人息息相关。

11.4 技术如何推动教育产业革命

随着社会发展，人们对教育的要求不断提高，教育问题成了人们关注的重要问题。科技的日新月异，对教育来说既是挑战也是机遇。一方面，科技发展带来的新需求对教育人才提出了新要求，另一方面，数字化和智能化推动了教育产业的革命，为学生提供了更好的教育资源，创新了教育方式。科技将如何推动教育产业革命？教育方式可能会有以下变化。

1. 学校形态的改变

传统教室是由讲台、黑板、课桌椅组成的，但随着互联网、5G、VR、AR 技术的发展，学校教育将会突破三维空间的限制，由传统形态走向科技形态。授课模式也可能由线下改为线上，共同构建一个网络学习社区，解决地区资源不平衡的问题。

如今，有越来越多的学校开始新建人工智能实训室，开设人工智能学科教育。人工智能实训室的建设可以为学生提供更具有实践性和针对性的教育教学环境，为学生提供更具有前瞻性和竞争力的知识技能储备。在人工智能实训室中，学生通过亲手操作和实践，可以更好地理解和应用人工智能技术，掌握实际操作技能和解决问题的能力。

2. 教学形式更趋个性化

人工智能可以根据学生的学习进度、学科兴趣和学习能力等信息，通过持续分析学生的学习表现，自动调整教学内容和难度，为学生提供个性化的教学服务。这种定制化的教学可以更好地满足学生的需求，提高学生的学习效率和兴趣。比如聊天机器人和大型语言模型可以提供个性化的教学互动服务和自适应学习体验。

3. 教育目标和教育理念的变革

传统教育的目标是培养适应大规模工业化分工的人才，更关注学生对知识、技能的获得，而忽略学生核心元能力的提升。前者是训练大脑记住知识，后者则是训练大脑如何思考。如今的人工智能时代，重复劳动和低端智力工作很可能逐步被人工智能取代，而想象力、创造力和对人性的洞察力或许是人类能够超越人工智能独有的特质。

所以，新时代的教育更应强调培养学生的批判性思维和创造性思维，以及对好奇心、自驱力、反脆弱等内心精神世界的塑造，以此适应未来社会的要求。在未来社会，会玩，或许远比会学更重要。在 12.5 节，还将深入探讨教育理念变革这一话题。

11.5 金融产业数字化撬动经济新格局

当前我国经济已经进入高质量发展的新阶段，金融产业也顺应时代发展趋势，加快自身数字化转型，促进自身高质量发展，渴望撬动经济发展新格局。这个转型产生的影响是深远且广泛的，它正在改变金融行业的各个方面，包括金融服务、业务模式、竞争格局和监管等方面。

1. 金融服务方式的改变

传统金融服务通常需要在柜台现场办理业务，而金融企业数字化转型后，金融服务可以通过互联网、移动设备和其他数字化平台进行办理，大大提高了服务效率，同时降低了企业布局网点产生的服务成本。例如，中国民生银行率先实现了信用卡业务数字化，并引入人工智能来处理日常业务。在数字化技术上，中国民生银行构建了数据中控体系，能够完成业务设计；将智能语音系统应用于客服、电销等业务，并不断完善，提高了用户体验；大数据、云计算等技术能够灵活利用资源，实现资源的高效分配。

2. 数字金融将改变全产业业务模式

数字金融致力于利用现代科技和数字技术让金融机构以更低的成本、更高的效率提供更多元化的金融服务，将金融服务与物流、仓储、供应链等产业场景深度融合，助力全产业经济深度发展。例如，阿里云作为云平台服务于金融产业，与金融机构在业务、场景等方面多维合作，并提供全栈式合作方案。在 To B 业务中，阿里云提供货款抵押、供应链金融等服务；在 To C 业务中，阿里云提供权益合作、营销合作等业务，助力金融产业深度服务产业经济。

3. 金融监管模式受到冲击

数字化转型也将对金融监管产生重要影响。例如，随着区块链技术的发展，数字货币的去中心化和匿名性使得监管变得更加困难，也为非法活动提供了渠道。因此，监管机构需要积极应对数字货币带来的监管挑战，适应新的监管环境和技术手段，加强监管技术和监管能力。

11.6　汽车产业的数字化升级之路

各行各业都在积极进行数字化转型，汽车产业也正在深入探索数字化升级之路，加快推动自身产业变革。数字化或将会率先在自动驾驶、汽车制造和汽车营销等方面产生深入的影响。

1. 汽车自动驾驶快速发展

汽车自动驾驶的主要原理是通过智能驾驶仪，配合计算机系统，来实现汽车的智能无人驾驶。具体来看，汽车自动驾驶综合了多方面的智能技术，特别是视觉识别技术、超强的感知决策技术。无人驾驶汽车的摄像头能够迅速识别道路上的行人和车辆并迅速做出决策，它可以像熟练的司机一样来进行调速，实现完美的汽车驾驶。

汽车自动驾驶的火热离不开数字化技术的重大突破、汽车电动化的发展趋势、共享出行理念的发展、跨产业的融合及法律法规的修订与完善。

处于数字时代，汽车自动驾驶的发展能够给人们的生活带来诸多便利，主要体现在以下 3 个方面。

首先，汽车自动驾驶将会有效缓解城市交通拥堵的问题。无人驾驶汽车的车载感应器能够与相关交通部门的智能感知系统联合工作，从全局角度把握各个道路交叉口的实时车流量信息。无人驾驶汽车会实时进行车速调整，选择通畅路径行驶等驾驶决策。这样就能有效提高车辆的通行效率，缓解交通拥堵问题。

其次，汽车自动驾驶将会催生汽车共享和自助出行服务订阅等新型商业模式，提升运能效率，从总量上减少汽车保有量，从而减少空气污染，优化环境。并且，共享出行的乘客越多，越能够缓解交通拥堵问题，对环境保护的积极影响也就越明显。

最后，汽车自动驾驶会提高高速公路的安全性。对于这一问题，部分企业发展高精地图等技术，通过不断优化数据方案来提高行车准确性和安全性；还有企业研发车载智能芯片，作为汽车自动驾驶的智慧头脑，当出现突发情况时，无人驾驶汽车就能够自主进行智慧决策。

2. 汽车由制造走向智造

制造与智造虽然只有一字之差，但意味着产业发展战略的全面创新。为了实现汽车产业从制造到智造的进化，各企业需要坚持纵横协同发展，进行数字化、智能化、精益化和自动化的智慧生产。通过建设智慧工厂、推动生产车间全面智能化升级、打通汽车生产上下游供应链等一系列手段，推动汽车智造的全面升级。真正的智能制造，不仅是产业的高级自动化，还要以数据为核心，利用人工智能技术将数据信息作用于制造过程的每一个环节，并创造出独特价值，最终实现精细化、个性化、定制化和可视化的生产与服务。

3. 汽车行业的智慧营销

营销场景的变革，是汽车行业数字化转型的重要方向。汽车行业积极借助虚拟技术，吸引用户的目光，打造新的销售场景。

例如，红旗汽车参考多种社区玩法，打造了红旗虚拟社区。用户可以注册、建立自己的虚拟化身，然后以虚拟人的形式在红旗虚拟社区与其他用户交流。红旗虚拟社区还为用户提供个性装扮功能，使用户可以悉心装扮自己的虚拟形象，提升了用户的参与感。

在红旗虚拟社区中，用户还可以了解红旗品牌的发展历史，参观红旗品牌的各种车型，沉浸式的体验产品，遇到喜欢的车型还可以和虚拟销售深入了解。同时，用户还可以在红旗虚拟社区与其他用户交流讨论。与传统营销方式相比，这种数字营销方式更能贴近年轻用户的心，更能吸引年轻用户购买产品。

11.7　民航产业用技术突破效率上限

作为国民交通运输体系的重要部分，民航产业正在经历以数字化转型升级为主要趋势的变革。民航产业的数字化转型是一个十分复杂的系统化工程，需要兼顾安全与效率，从各大航空公司的机场运营到各环节的安全保障、民航维修、旅客服务与市场营销等各个领域，数字化转型将为民航产业提供前所未有的增长红利与创新机会，实现各个环节的全面提升，不断优化旅客的出行体验。

在数字化机场建设方面，各省区内先后建立起以主要枢纽机场为核心，整合省内全部干、支线机场，形成一体化的机场集团的数字化管理模式。数字化的民航机场管理具有协同发展、功能互补、整合资源、统一规划的优势，能够对各机场实施人员、资源的统一调配，还能够通过统筹管理航线网络，避免航线时刻的分散，共同搭建民航产业发展的大平台。

集团化机场群的数字化转型是其多维联动、区域一体、干支协同、跨界融合的管理模式与运营模式的数字化升级，数字化技术可以加强航空交通管理和飞行控制，实现高效的飞行计划和安全的飞行。例如，使用数字化的飞行计划系统可以快速精确地计算飞行路线、预报天气和航空器性能，提高飞行效率和安全性。

在航司经营方面，数字化技术已经改变了航班管理的方式。航空公司使用数字化系统来实现机票的线上销售、自助值机等服务，大大提高了旅客的出行效率。很多航空公司还通过大数据系统分析数据，预测需求，制订更精确的飞行计划，综合考虑飞行路线、天气、航空器性能等，这样可以提高航班的效率和准确性，减少航班延误。同时，数字化技术还可以帮助航司提高机组人员的培训效率，例如，使用虚拟现实技术进行高效的模拟训练，使得机组人员在实际操作前可以更好地熟悉操作流程和规程。

数字技术的应用将助力民航产业突破其技术上限，使各大省份的机场集团实现更加高效、紧密的一体化、数字化运营管理，充分发挥集团化管理的优势，进一步提升机场集团的智能协同水平，助力我国由民航大国迈向民航强国。

11.8 数字化助力房地产行业探索新机会

随着房地产行业间的竞争日趋激烈，地产行业正面临巨大的震荡。房地产企业根据自身情况积极进行数字化转型，渴望通过大数据、云计算等技术对自身各环节进行优化，提升用户满意度，探索发展的新机会。房地产的数字化探索主要集中于以下几方面。

1. 重视线上数字营销平台

由于存在线下获客难度日益增大，营销成本上涨收益率低等问题，房地产企业开始重视线上数字营销平台的搭建。一些房地产企业开辟了全渠道拓客到私域转化的链路。通过搭建用户管理平台，对用户的数据进行系统管理，并进行标签化处理，再根据标签为用户制订营销策略，迎合用户喜好，实现转化。

2. 利用VR重构交易场景

当前，VR看房已经成为很多房地产服务平台中的核心功能，链家、贝壳等多个平台纷纷上线了VR看房功能，该功能有利于打破时间和空间的界限，向用户展示更全面的场景。凭借VR看房功能，用户不仅能够了解房屋的房源信息、户型、面积等信息，还可以在3D空间中感受逼真的室内实景，自由进行沉浸式空间漫游。

3. 科技赋能物业数字化转型

物业数字化转型主要聚焦于场景数字化和收入多元化，一是通过场景数字化来拓展更多的业务场景，对物业的服务流程进行升级，提升用户的体验感；二是由单一收入来源转为多元经营收入，提高自身收入。

4. 新技术推动楼宇智能化

随着新一轮数字技术的飞速发展与深入应用，人们对居住、工作的楼宇环境的安全性、便捷性、舒适度和智能化程度等也提出了更高要求。通过应用各种数字化技术，生产商能够对住宅楼宇的基础设施进行智能改造，在楼宇内实现更加智能化的人员管理、节能减排、安全监控、自动控制等。住宅的智能化还包括生产商提供的便捷的智能设备与安全可靠高速的智能传输网络，实现家居生活的全面智能化与信息化，使楼宇的居住体验更加舒适，同时也更有利于节能环保。

除了住宅智能化，办公楼宇的智能化也在迅速发展。智能化的办公楼宇能够为企业用户提供更丰富的数字化服务，使其以较低的成本更便捷地获得信息与通信技术，主要应用场景包括智能工位、智能办公环境、智能会议室等，通过对智能化、自动化流程的完善，大幅提升办公效率。

11.9 数字化赋能农业全面升级

对于人类而言，农业领域面临的挑战应该比其他领域更加重要。据相关数据显示，在世界范围内，有将近 8 亿人正遭受饥饿威胁，并且这一数字还在持续增长。因此，推动农业全面升级，提高粮食产量，成为世界范围内的重要命题，数字化技术则是一颗解决这一问题的灵丹妙药。

1. 利用数字化技术，发展精准农业

据联合国经济与社会事务部人口司预测，到 2050 年，世界人口将达到 97 亿，然而，目前的粮食产量远远无法养活这么多的人口。在这种情况下，人类必须想办法让粮食产量得到大幅度增加。与此同时，水、土地、气候等自然资源却越来越稀缺。

随着数字化浪潮的到来，发展精准农业、促进农业全面升级，成为解决这一问题的良方。精准农业这一概念主要由以下 3 个部分组成，如图 11-4 所示。

图 11-4　精准农业的 3 个组成部分

此外，精准农业的发展还包括 10 个重要组成系统，具体包括全球定位系统（GPS）、农田遥感监测系统（RS）、农田地理信息系统（GIS）、智能化农机具系统、农田信息采集系统、农业专家系统、网络化管理系统、环境监测系统、培训系统和系统集成。

在发展精准农业的过程中，相关负责人需要掌握以下 3 方面：

（1）定位的精准：精准确定杀虫、除草、灌溉、施肥等的位置；

（2）定量的精准：精准确定农药、除草剂、灌溉水、肥料等的使用量；

（3）定时的精准：精准确定杀虫、除草、灌溉、施肥等的时间。

从本质来看，精准农业就是一种基于大量数字化信息的农业管理系统。在传感器及监测技术的支持下，这一系统可以方便、准确、及时、完整地获取农业生产现场的关键数据。同时，还可以根据各因素在控制作物生长中的作用及其相互关系，迅速做出科学合理的管理决策，控制对作物的投入和作业。

发展精准农业，不仅可以使各项农业投入获得最大限度的优化，而且还可以在一定程度上保证作物产量及经济效益最大化。

并且，发展精准农业，还可以使广大农民生产者尽快适应飞速发展的数字时代，在保护农业生态环境和农业自然资源的同时，实现自身的可持续发展。

2. 打造一体化的农业供应链

如今，在消费升级、农业转型升级的影响下，供应链的重要性越发凸现。对于经营主体来说，通过数字化技术打通供应链各环节的数据，打造一体化的供应链管理机制和大数据管理系统成为当务之急。

供应链是从农产品生产到消费者反馈的完美闭环，需要对农产品流通过程中的每个环节进行标准化控制，如图 11-5 所示。

图 11-5　农业供应链闭环

供应链要做到一体化管理，最关键的是打通上中下游环节之间的关系。上游要控制农产品质量，中游要提高针对农产品进行精加工的能力，下游要进行消费者跟踪体系的建设。当供应链机制实现一体化管理后，各环节的运作将十分流畅。得益于以大数据为代表的一系列数字化技术的支持，供应链走向一体化已经是不可逆转的趋势。

11.10 Netflix 与电影产业的数字化革命

电影产业诞生于近代科学技术的进步，而在这一产业发展的百余年过程中，其表现内容与传播媒介形式领域的屡次变革，都与新技术的发展紧密相连。可以说，电影产业是艺术与科技的宠儿，享受着自工业革命以来微电子学、通信传播学、声学、机械学、电学、光学等各个学科技术发展带来的成果，逐渐发展为最大众化、现代化的视听艺术。

发展至今，伴随着数字化技术的全新变革，电影制作与放映等各个环节也迎来全面升级，数字技术创造的视听艺术，正在全球范围内吸引着数以亿万计的观众。

数字技术推动着电影产业全面升级，一方面，数字技术能够提升电影内容的质量，带给消费者更好的体验；另一方面，数字技术能够提高电影制作到传输的各个环节的运营效率，实现降本增效。技术进步对电影产业发展有推动作用，如图 11-6 所示。

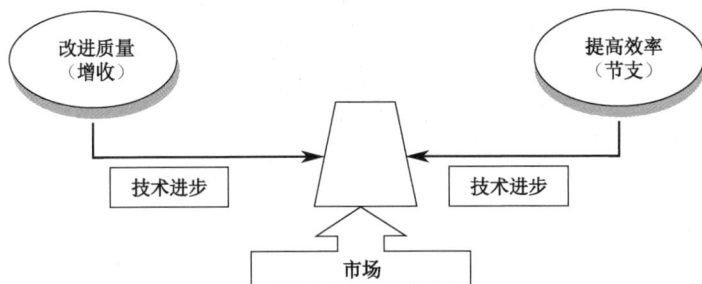

图 11-6　技术进步对电影产业的影响

在电影内容的质量方面，数字技术能够直接提升电影制作水平。例如，计算机生成图像技术，就是利用计算机软件模拟出与真实环境一致的电影虚拟任务或场景，还能够对实景拍摄场景进行描绘与改造，是电影制作过程中的重要技术；还有数字影像合成技术、数字图像处理技术等，都是制作电影特效的关键技术手段。这些技术能够将创作者丰富的想象转化为现实，拓展了电影的创作手法，不断突破电影内容的边界。

并且，对于电影放映来说，数字技术的引入也大大提升了影院的设备水平，数字影院的建设为观众打造出完美的观影空间，3D、4D、5D 电影的出现，标志着线下观影迈入立体时代，使观众能够通过触觉、听觉、嗅觉和视觉等多重感官体验到电影带来的娱乐效果。

在电影产业的各环节运营效率方面，数字技术的应用能够通过提高工作效率有效降低成本。例如，通过应用非线性编辑技术，影片创作者能够节省大量寻找编辑素材与机械性操作的时间；在动漫电影的后期制作过程中，数字化技术能够使创作者通过计算机完成扫描输入、添加特效、背景合成等一系列工作，在此之前，传统的制作方式是通过手工进行描线、上色等，数字技术无疑大大降低了制作时间与成本，使电影制作效率成倍提高。

电影产业的数字化革命还体现在电影放映方式的多样性上。在过去的很长一段时间，电影院是用户观看电影的唯一途径。而线下实体光盘的诞生，使用户可以在电影院以外的地方观看电影。Netflix 就是一家创立于 1997 年的视频租赁企业。随着 Netflix 逐渐发展壮大，其也依靠租售服务而进入电影产业。

2007 年，面对 Youtube 等新兴视频网站的冲击，Netflix 顺势转为流媒体平台，利用用户订阅付费模式盈利。但由于 Netflix 上的电影用户也能够在其他视频网上观看，因此其失去了市场竞争力，企业逐渐衰落。为了挽救企业的颓势，Netflix 重新调整定位，开始进行原创内容拍摄。2013 年，Netflix 的原创剧集《女子监狱》一经上线便迅速走红，成为 Netflix 点击量较高的几部剧集之一。

作为流媒体平台，Netflix 积极推进自身企业的数字化转型，《女子监狱》便是大数据分析计算的产物。Netflix 根据大数据精准定位了喜欢大女主视频内容的用户，并将这部剧直接推送给这些用户，进行精准匹配。依托于大数据，Netflix 不再需要生产大众化的原创内容，只需要了解用户需求，推荐符合用户爱好的作品即可。

Netflix 也在原创电影方面进行了努力，《红色通缉令》《千万别抬头》《蒙上你的眼》等作品取得了不俗的成绩。Netflix 的成功离不开数字化革命的助力，无论是其租赁的 DVD，还是其转型后的大数据技术，都在为其迎合用户需求提供帮助。随着平台技术的进步和算法的逐步成熟，Netflix 推送给用户的内容会越来越精准。

第 12 章

全球数字产业发展的十大趋势

在当今数字化和智能化浪潮的推动下,数字产业也蓬勃发展。本章基于当前技术储备和产业现状的客观情况,面向未来做出合理的假设和逻辑推演,提出了未来数字产业发展的十大趋势,旨在为企业提供一些对未来大方向的判断参考。数字化转型是一条漫长的道路,企业需要重视以下发展趋势,并据此做好战略规划。

12.1 宏观转型助推企业数字化升级,业务与 IT 的边界日益模糊

如今,数字化和智能化向各行业渗透融合的趋势越来越明显,越来越多的企业进行着数字化和智能化转型。

一方面,从宏观来看,企业的数字化与智能化转型已经成为经济发展的整体导向。在整体布局上,经济发展的下一阶段的全方位变革将围绕全面数智化转型的建设展开,数字化将驱动社会生产生活与治理方式的全面变革,推动现代化建

设与发展。

同时，数字技术不断创新突破，应用创新的同步落地也得以实现，尤其在能源、交通、医疗、教育、金融、工业和农业等重点领域，数字化、智能化创新技术的应用不断落实。这也要求数字化技术加快向各行各业渗透，推动各业务部门积极开展数字化转型。

另一方面，有越来越多的企业已经意识到，数字化与智能化转型已经是一个需要提升到企业战略高度的事，是一件不得不去做的事情了。在宏观积极政策导向下，越来越多的企业会主动寻求数字化和智能化转型突破，使自身业务得到全面升级。

在很多企业中，负责企业数字化技术探索和应用的部门通常是一个独立的 IT 部门，但由于之前对于数字化和智能化转型并不那么迫切，以至于 IT 部门长期扮演一个支撑角色，与企业核心业务部门之间融合协同不够深入。如今，数字化和智能化转型逐渐上升为企业商业战略的核心。企业不仅要学习数字化技术，而且要考虑如何将数字化技术融入业务、深入骨髓和企业基因，对企业的组织架构、产品、生产流程进行全面优化，最终形成由数字化加持的全新业务形态。所以，随着数字化和智能化的逐步深入，它渗透到企业的方方面面，扩散到产业的边边角角，在这个过程中，业务与 IT 之间的边界也会越来越模糊。

在未来，业务即 IT，IT 即业务，或许不会再存在一个独立的 IT 部门，所有业务部门都需要具备 IT 技术思维，同时，所有 IT 技术也都已经融入业务。二者的融合则是大势所趋。企业对于 IT 和业务的定位不断发生调整，急需寻找懂得业务与 IT 的复合型人才，促进 IT 与业务的深度融合，促进自身数字化转型。

12.2 现实世界与数字世界的边界日益模糊

数字化技术构建的数字世界与现实世界的融合越来越密切，以至于现实与数字的边界日益模糊。特别是在数字世界中，用户或客户已经可以进行与现实世界中类似的消费活动，从这个意义上来说，拓展在数字世界中的经营相当于是把企业的经营空间扩展了至少一倍。企业的经济活动不再局限于现实的物理世界，数字世界成为了新的经济活动空间，企业可以在两个世界穿梭，有意识地对组织和业务进行去物理化和去边界化，打破虚实界限。

企业可以利用数字孪生技术，将物理世界的业务场景投射于数字世界，在数字世界进行经济活动。在这样的情况下，线上逐渐取代线下，虚拟世界快速发展，将实现企业发展的去物理化。

例如，微软推出了虚实交互设备 HoloLens，并将其投入到了企业工作中。HoloLens 整合了微软的云计算、AR 等技术，能够实现在现实空间叠加虚拟数字图像。2022 年 5 月，微软与川崎重工达成合作，川崎重工的员工只要在进行车间巡查时佩戴 HoloLens MR 眼镜就能够随时查看生产数据是否有异常。一旦发现某个环节出现了问题，员工可以利用 HoloLens 远程联系身处异地甚至异国的维修人员。维修人员能够通过 HoloLens MR 眼镜传导过来的模拟故障画面进行远程指导，使川崎重工的员工能够以最快速度修复故障。

知名汽车品牌宝马也将物理世界的工厂搬到了数字世界中。宝马集团与数字协作平台 Omniverse 平台达成了长期合作，对汽车工厂的重点生产线进行特殊环境模拟，优化生产流程。宝马汽车的整车装配由流水线员工完成，为了提高他们的工作效率，宝马集团通过 Omniverse 创建的数字实验场景，让员工穿戴着高速传感器进行操作，相关数据将会实时反馈给 Omniverse。工程师可以在数字场景中实时进行数据调整，员工在线下同步验证。

依托于 Omniverse 的孪生工厂，操作中的流程问题、未知风险都已在数字空间中率先预演并得到修正。宝马集团每年的产能高达 250 万辆，生产流程中任何一处细小的优化对其效益的提高都是有意义的。去物理化为企业的效益提供助力，成为未来企业发展新方向。

在物理世界中，企业的一切经济活动都存在边界，产品边界、行业边界和产业边界等。边界阻隔了企业的发展，使物理世界变得碎片化。数字化时代则打破了种种边界。信息技术的发展使经济市场相互连通，逐渐走向一体化。

对于企业发展而言，在数字化转型中逐渐从有界转向跨界发展，最后实现无界发展。去边界化是企业发展的最终归宿。目前，企业正停留在跨界发展的过程中。例如，2022 年 10 月，知名运动品牌 Kappa 宣布与数字藏品俱乐部疯狂食客联名发行新产品。疯狂食客俱乐部是由元智创艺打造的本土原创数字艺术品集合品牌，旗下拥有疯狂食客、原始立方两个数字商品品牌。疯狂食客俱乐部以知名NFT（非同质化代币）品牌 BAYC（无聊猿俱乐部）为目标，立志打造属于中国本土的 NFT 头像。此次与 Kappa 联名，是两个领域为实现共赢而进行的跨界合作。

未来，数字世界将是企业奋斗的新阵地，融合、协同、共生将成为企业合作的主题。企业需要把握去物理化、去边界化的新方向，完成数字转型。

12.3　人机边界越来越模糊

随着人工智能、柔性电子、穿戴设备、脑机接口、基因编辑等新技术的发展，未来人机边界也将会越来越模糊。

一方面，机器表现得越来越像人类，能够像人一样处理视觉、听觉、语言理解等任务。例如，在工业制造等不少领域，工业机器人具备的视觉检测和精确操控能力，已经能在一定程度上取代了人类生产活动。根据国际机器人协会的数据可知，2022 年第一季度北美工业机器人市场需求旺盛，来自美国、加拿大和墨西哥的企业的工业机器人购入量同比增长 28%；欧洲、东南亚等地区对工业机器人的需求量也节节攀升。工业机器人的大范围应用使得人类与机器的协作互动越来越频繁和紧密，与机器一起工作成为一个必选项。人类将不再是机器的操作者和控制者，而是与机器共同发展和演化。

除了一些重复、单调的任务，以 ChatGPT 为代表的跨模态大模型出现之后，使得人工智能越来越能够表现出人类具有的更高级的能力，如情感表达、想象创造及自主思考能力。这使得在不久的将来出现一个不仅长得像人类，行为举止思维表达也与人类无异的"像人类的机器人"成为可能。

另一方面，人类也越来越具有机器属性，通过利用科技手段来增强自身能力。目前，已经有很多人使用非侵入式技术来扩展或提升自己的能力，如用穿戴设备来感知自己的身体情况，用外骨骼来增强人类的肌肉力量和运动能力。还有些人愿意尝试通过植入柔性芯片、脑机接口等侵入式技术，真正将机器属性与自身身体和生理技能融合。

2021 年，埃隆·马斯克（Elon Musk）的脑机接口公司 Neuralink 展示了一组猴子通过脑机接口玩游戏的视频，虽然这项技术目前还很初级，没有应用到人类，但脑机接口已展示出极大的想象空间，或许使得类似黑客帝国中那样通过意识来接入数字世界将会成为可能。2022 年 8 月的一则新闻报道，一名特斯拉车主在自己的右手皮下成功植入了一枚芯片，使自己无需钥匙便能够用手解锁自己的特斯拉汽车。该车主植入的芯片名为 VivoKey Apex，应用了与 Apple Pay 相同的近场通信技术。这种芯片表面覆盖了一层生物兼容物质，能够无障碍地植入人体，是一种非接触式芯片。

随着技术的发展，或许会出现可植入人体的芯片，如提供额外脑力的芯片、帮助"看见"磁场或红外线的芯片，当出现这类产品时，率先接受植入机器属性的人将获得超能力，在竞争中获得碾压优势，以至于其他更多的人也不得不加入这场军备竞赛，人类借助机器属性拓展或强化自身能力或许将成为未来社会的一个必选项。

人机融合的趋势，使得人机边界变得越来越模糊，也给人类带来了一些新的思考和挑战。例如，这种融合是否会对人类自身的身体和心理带来影响？在将机器属性融入人类身体的同时，是否需要重新思考和更新人们的伦理和法律框架？这些问题目前还没有答案，需要整个人类社会一起认真思考和面对。

12.4 数字化和智能化将冲击劳动力市场现有格局

数字化时代的来临，人机协作与人工智能将在所有行业场景中飞速发展，推动着劳动市场发生巨大变革。一方面引发了就业方式和用人需求的变化，另一方面对劳动者就业岗位产生了重要影响，如图 12-1 所示。

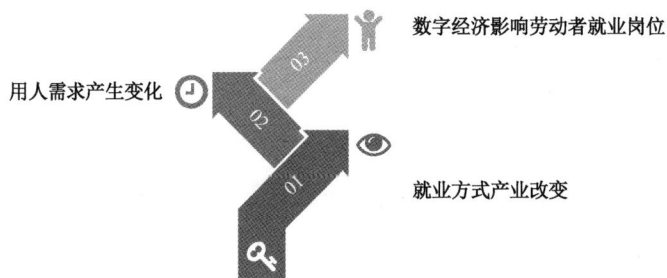

数字经济影响劳动者就业岗位

用人需求产生变化

就业方式产业改变

图 12-1　劳动力市场的变革

1. 就业方式产生改变

在数字时代之前，劳动者的工作被局限在物理空间，劳动者只有来到工作场景才能够进行工作。数字化的发展打破了劳动者之间的空间界限。传统工作可以通过线上办公、远程会议的形式进行，提高了企业的工作效率，降低了企业监控、监督成本。数字化发展也催生了一批新兴的岗位与职业，为不同的劳动力群体提供了更多就业机会。

同时，数字化时代也改变了劳动者与岗位的关系。某一岗位往往对应一个劳动者，由一个劳动者完成。但在数字化时代，某个岗位可以被结构成多个部分，每个部分由不同的劳动者完成。

2. 用人需求产生变化

随着经济的持续发展，我国对于青壮劳动力和高端人才的需求进一步提升。因人口老龄化趋势导致青壮年劳动力的短缺而导致企业招工困难、用人成本上升等问题一一显露。这些问题给企业的生产和可持续发展造成了极大的冲击。

在这样的前提下，部分企业开始采取以工业化机器取代人工的方式，以此来提高产能、降低运营成本，并逐渐扩大工业机器人的应用规模。用人成本上升和劳动力的短缺也推动了企业"机器换人"的进程，尝试大规模使用自动化、智能化机器是必然的选择。

数字化和智能化的发展使得智能机器成为重要生产工具。数字化时代，从事低端重复性工作的劳动者将由智能机器取代，虽然这一方面极大地解放了人力资源，但另一方面也会造成大批劳动者失业。

同时，在数字化时代，对劳动力提出了更高的要求，需要具备技术素养、数据思维、创新能力等更加全面和复杂的素质。复合型人才是未来企业用人的重要方向。

3. 数字经济影响劳动者就业岗位

作为能够提升社会生产力的新兴技术，数字技术的发展与应用场景的落地也促使更多新的工作岗位出现。

首先，数字技术与数字经济能够创造出新职业和新岗位。现在的一些与数字化技术相关的新兴职业在过去并不存在，如与数据、算力、算法相关的一系列岗位。

例如，数字化管理师、物联网工程师、云计算工程师、大数据工程师和人工智能工程技术人员等都是新技术开发过程中衍生出来的新兴职业。每一种职业背后都是庞大的就业人群，以数据标注师这一职业为例，在我国，从事这一岗位的全职人数达到 10 万人，而从事兼职工作的人群规模更是接近 100 万。

其次，数字经济能够为传统行业带来新的任务。在传统的医疗、教育等行业中，以数字化技术为支撑的在线智慧医疗、智慧教育等应用已实现大范围覆盖。这使得传统行业中的诸多岗位也需要适应数字化变革，在工作过程中不断学习新知识、新技术，使自身工作能力得到提升，能够适配工作内容数字化升级的要求。

最后，我们还要充分重视那些无法被数字化技术取代的传统岗位的价值。例如，家政、育儿师、医疗护工、养老院护工，这些岗位往往需要提供大量陪伴类情感，其工作价值很难被数字化技术取代，尤其是在当前我国人口老龄化的背景下，养老院护工与医疗护工的市场十分火热。

而设计师、艺术家、作家等充满创造力的岗位同样无法被数字化技术替代。近日，AI 绘画突然出现在人们的视野中并引起热潮，许多由 AI 创造出的画作都十分精美，甚至毫无瑕疵。但是，AI 绘画是建立在传统画师画作的基础之上的，若是没有传统画师的画作，那么再聪明的 AI 也不能独自创造出作品。总之，人类无穷的想象力与创造力始终是人工智能无法拥有的。

部分岗位也在数字经济的发展中逐渐消失，例如，智能工厂的建造使大部分流水线都实现了自动化运转，大批劳动岗位随之消失。随着市场需求的变革与升级，数字化技术承担起传统行业中重复性、机械性的简单工作，劳动者则能够通过自身经验的积累，奔赴更具有创造力的工作岗位。

近几年，在生产、经济、劳动、生活等方面，数字化越来越显示出其重要的作用与价值。数字化孕育着一个全新的时代，也意味着一个新的数字劳动市场将会形成。未来的劳动力市场将是机遇与挑战并存。

12.5 数字化和智能化将影响教育理念快速转变

第 11 章探讨了数字化技术对教育产业的影响，本节着重展望对教育理念的改变。由于人工智能的快速发展，使得机器已经在很多低端重复性工作岗位替代了人类，不仅如此，ChatGPT 这一类大模型的问世让大家忽然发现，原来一些艺术创作、文案撰写等初级智力工作也会被机器替代。下一代孩子们将会面临怎样的社会环境和竞争环境？现在应该如何教育下一代才能使其适应人工智能时代的社会竞争？这些问题成为家长与学校需要深思的问题。

传统的教育理念是为了顺应工业化大规模协作下产生的，学校传授的是专业分工知识和技能。特别是在国内，学生十几年的学习重点都围绕在考试和应试技能上，而在这种理念指导下学到的知识和技能，在未来的竞争环境中可能不再有那么大的价值，甚至还有可能因为过多的关注知识和技能的积累而忽视了创造力等其他素质的提高。

比如，历史课本中有非常多的人物和事件，传统教学模式是对课本中的若干知识点进行串讲，但很少去分析历史事件的深层逻辑脉络、研讨历史人物在当时所做选择的合理性和必然性。

如果一个学生仅能对这些点状知识背得滚瓜烂熟，无法形成网状思维举一反三、鉴古知今的话，还不如使用搜索引擎检索历史事件获取知识来得高效。在使用搜索引擎时，精确归纳总结出关键词就成为核心能力；而在使用类 ChatGPT 大模型工具时，如何提出一个好问题就成为核心能力。由此可见，学会如何与机器打交道，利用人工智能等数字化技术，更高效的使用数字化工具，或许这是下一代孩子们面临的必修课。

进入数字时代，每个人面临的社会关系将从传统的人与人之间的关系，演变为人与人、人与机之间的关系。传统工业时代下的教育理念会被迅速淘汰，教育理念将从侧重培养学生知识技能的积累，转变为更加注重对学生智慧的启迪，前者是训练大脑记住知识，后者则是训练大脑如何思考。

联想力、创造力、思辨力、共情力、学习力等更高阶的元能力或许是相比于机器来说更独特的能力，将成为学生必备的素质。未来的教育理念应该鼓励学生通过探索、发现和实践来培养这些能力，而不是仅仅通过传授知识和技能来实现。

例如，通过提供更多的自主检索和研讨学习的机会，激发学生求知欲，鼓励学生提出不一样的见解，自主探索和发现事物的内在逻辑，追根溯源。

同时，未来的教育还需要注重跨学科的综合能力培养，建立对世界各种事物和现象的综合认识和理解，培养全局观、全球观与未来观，以应对复杂多变的全球化环境和未来社会的挑战。教育不仅需要注重纵向的知识深度，而且要关注横向的知识广度和跨学科的整合能力。

此外，未来的教育也需要更加注重个性化教学和多元化的评估方式。教师应该了解每个学生的需求和能力，并根据他们的兴趣和天赋来制订个性化的学习计划。评估也应该更加综合和多元，以考察学生的多种能力和素质为主，而不是仅仅注重考试成绩和知识积累。

总之，在人工智能技术和应用日新月异的当下，教育理念需要与时俱进，不断适应数字时代的变革和发展，注重学生的高阶元能力培养和个性化发展，以培养未来社会需要的优秀人才。

12.6 大模型成确定性趋势，AIGC 大行其道

当前，越来越多人工智能领域的前沿技术相继落地，并逐渐显示出强大的产业价值。其中，大规模预训练模型，即大模型，受到市场的广泛关注，已经成为市场发展的确定性趋势。具有强大生成能力的大模型通用性强、泛化能力强、效果良好，具有极强的生产力。基于此，AIGC（Artificial Intelligence Generated Content，人工智能自动生成内容）也将迎来大规模发展。

ChatGPT、百度文心、悟道 2.0 等都是当前较为典型的 AIGC 大模型。作为能够与用户关于广泛主题开展对话的 AIGC 模型，ChatGPT 的应用掀起了现象级热潮，引起广泛关注。与 ChatGPT 类似的预训练大模型，可以包括万亿级、千亿级

的参数量，正在朝着多场景、多任务、多模型和多模态的人工智能方向不断发展。

除了与 ChatGPT 类似的对话类模型，AIGC 大模型在生产领域还有许多应用。

近年来，我国内容产业领域发展速度迅猛，且细分行业众多，如网络文学市场，就有超过 5 亿的用户，还有炙手可热的国漫产业、市场规模庞大的广告行业、自媒体与融媒体高速发展的传媒产业等。

庞大的产业价值意味着对内容生成也存在着海量需求，此时，AIGC 这一全新生产方式逐渐走向市场、AI 技术的应用能够极大地提升内容生产工作者的工作效率，取长补短，推动产业的变革与发展。

凭借着定制化程度高、成本低、效率高等显著特点，AIGC 正在重新定义内容生产领域的生产方式，在金融、广告、文创和媒体等诸多领域，已经有越来越多的个体创作者或企业开始应用 AIGC 来进行内容生产。

借助支持一键调用的公开资源、大模型产品，AIGC 能够生产各种各样富有内涵的内容产品，如画作、歌词、诗句、稿件、营销文案等，使用者可在此基础上自主选择将这些生成的内容产品进行二次处理，通过人机共创，构建起完整的生产链路，能够打造出高效率、高质量的定制化内容生态。

利用 AIGC 生产相关内容产品，不仅简单高效，而且产品在质量方面也有充分保障。AIGC 生产的画作，如图 12-2 所示。

图 12-2　输入"女孩、城市、未来"等关键词后，AIGC 生成的画作

伴随着短视频这一传播方式的发展，如抖音、快手等短视频平台已经成为各品牌进行线上营销推广的主要阵地。利用 AIGC，使用者可以直接将图文素材转化为成品短视频，大大缩短了视频制作所需时间。

AIGC 大模型的发展势不可挡，极大地提升了创作生产力。在未来，提出一个好问题，由人工智能来回答、填充和创作或许将成为常态。对于某些需要大量文本报告撰写、插画创作、短视频剪辑等场景，AIGC 大模型可以成为人类的助手，以减少人工成本，提高效率。然而，在这一技术发展的过程中，仍然存在一些不可忽视的隐患。例如，如何保证创作的准确性、实时性、创造性且符合人类价值观，以及如何避免数据偏见、如何保护知识产权等人工智能滥用问题。这需要人类社会不断探索和完善人工智能技术和伦理规范，不断加强顶层制度的设计与引导，强化要素支撑，实现 AIGC 的产业化、合规化发展。总之，AIGC 大模型的出现只是人类探索智能世界的一个开始，未来需要不断地探索和创新，努力建立一个更加智能、互动和可持续的未来。

12.7　算力需求将呈现指数型爆发

算力，即计算能力。从计算机到大型数据中心、从个人手机到 AR 设备，每个电子产品的运行都离不开算力。传统意义上算力是由 CPU（中央处理器）提供的，进入人工智能时代后，由于人工智能算法的计算主要是对向量和矩阵的计算，而 CPU 因其硬件架构的特性，提供的通用算力已经无法满足人工智能时代的计算要求，由此分化出了由 AI 芯片（有另一种说法叫 NPU，神经网络处理器）专门为人工智能算法提供算力，即 AI 算力，这一点将会在第 13 章详细分析。特别是大模型的出现让业界看到其惊人的效果之后，未来模型越来越大的趋势几乎已成定局。模型规模呈现出指数型增长，相应的对 AI 算力的需求也将呈指数型爆发。

著名的 BERT-LARGE 模型是 2018 年 10 月发布，参数 340 兆规模。BERT 一经发布，在当时的自然语言处理领域产生了非常大的影响，将自然语言的处理能力提升了一个台阶。但仅仅在短短的两年后，2020 年 6 月，OpenAI 发布的 GPT3，其参数规模就已膨胀到 1750 亿，像 ChatGPT 这样表现出惊艳效果的人工智能应用就是基于 GPT3 开发的，又大幅提升了机器理解自然语言的能力。

更多的数据、更大的模型，将会获得更好的效果，这个规律曾被反复验证。GPT3 也远远不是规模最大的模型，Google 发布的 SWITCH-C 模型参数已经达到了 1.6 万亿规模。

可以预计，随着人工智能、VR、AR 等技术的逐渐发展成熟，智慧工业、智慧城市、智慧交通、智慧农场等应用场景百花齐放，使得模型越来越大、模型越来越多的趋势成未必然。所以，为了训练和部署这些大模型，需要更强大的计算资源提供 AI 算力的支撑。

在人工智能计算大会上，IDC（互联网数据中心）和浪潮信息联合发布了《2021—2022 中国人工智能计算力发展评估报告》，报告上的数据显示，2022 年，人工智能在多个行业的推动作用十分显著。

截止 2022 年，中国智能算力保有量终于首次超过了通用算力，达到了 268EFLOPS（每秒 268 百亿亿次浮点运算），全球已经有近百个国家出台人工智能相关政策。而且 IDC 预测，2023 年，企业在人工智能方面的投入将达到上千亿美元，预计到 2026 年智能算力规模将进入每秒十万亿亿次浮点计算（ZFLOPS）级别，达到 1,271.4EFLOPS。随着技术发展和需求的爆发，企业对算力的需求预计将至少以每年 20% 以上的速度快速增长，如图 12-3 所示。

对于企业来说，这个趋势即是机遇，也面临着一些新挑战。一方面，算力需求的爆发是人工智能逐步在产业落地的结果，企业需要重视并不断加大对算力的投入，以拥抱数字化和智能化浪潮，促进人工智能的应用效率，实现更加智能化的业务流程和服务。另一方面，企业也需要不断拓展人才队伍，在人工智能的应用和落地上做好规划和探索，以适应人工智能技术不断发展和创新的需求。

百亿亿次浮点运算/秒（EFLOPS）

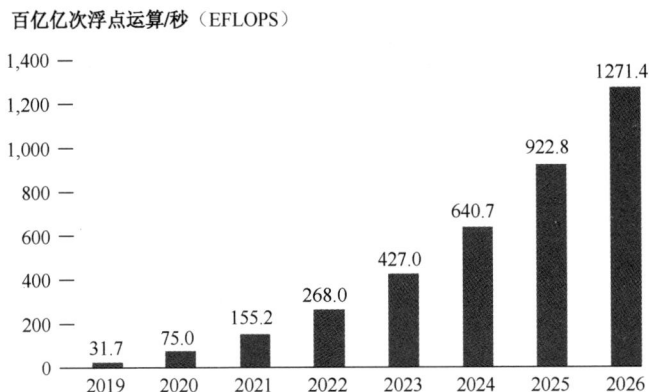

图 12-3　IDC：中国 AI 算力规模及预测（2019—2026）

12.8　算力的大范围调度成为必然

　　人工智能时代对算力的需求是无止尽的，是刚需。就如同网络之于互联网，水电煤之于民生一样。在未来，算力很可能会像电力一样，成为一项提供生产力的有战略意义的基础设施。随着算力需求的爆发增长，不可避免地会导致局部地区供给不足或过剩，区域算力供给分布不均等问题。因此，如同电力调度一样，进行跨区域调度算力成为一个必要的解决方案。

　　以电力行业发展作为参照，各省分别拥有多个火电站，每个火电站各自运营，没有任何联网和协调，形成电力孤岛。当某个地区的用电需求急剧增加时，该地区的火电站无法满足需求而导致停电或缺点，而其他地区的火电站却处于低负荷状态，造成电力资源的浪费。如今，国网、南网等电力公司打通了这些火电站，使其能够联网并进行跨区域电力调度，就可以实现电力的有效调配和优化利用。同样，随着算力需求的增加，进行跨区域的算力调度也会变得越来越重要。

要实现算力的跨区域大范围调度，需要将计算资源进行虚拟化，形成一个跨区域的庞大计算资源池，各个计算机资源之间通过网络互联，形成算力网络，共享算力资源和存储空间。这种模式可以提高算力资源的利用率和扩展性，同时减少了对物理计算机的需求，用户可以根据自己的需求。这种模式可以满足企业和个人对计算资源弹性需求的同时，也可以实现资源的共享和利用效率的提高，这种灵活的算力网络对于满足人工智能时代的算力需求尤其重要。

目前，中国移动已经开始启动算力调度网络的研究，但是要真正实现算力的跨区域大范围调度，还存在非常多的技术障碍，其中最主要的技术障碍就是网络带宽和延迟问题。算力调度需要海量数据的传输，而现阶段的网络带宽难以满足这样的需求，这会导致数据传输的延迟过高，从而影响算力调度的效率。此外，不同地区的网络环境和设备硬件也可能存在差异，需要有一个统一架构来屏蔽这些差异性。

另外，数据安全问题也是跨区域算力调度面临的一大挑战。由于涉及大量的数据传输和共享，数据的安全性和隐私性成为跨区域算力调度必须要考虑的问题。如何确保数据在传输过程的安全问题，需要算力调度网络提供可靠的解决方案。

除此之外，跨区域算力调度还需要在国家层面建立统一的管理、运营和监控平台，对全国范围内的算力资源进行实时监控和管理，以便更好地分配和调度资源。同时，还需要制定一套完善的算力调度机制和算力服务定价，以保证算力调度的效率和公平性。

总之，跨区域算力调度是一个非常复杂的系统工程，需要多方面的技术支持和解决方案，包括网络技术、安全技术、管理技术和运营模式等。只有克服了这些难题，才能真正实现算力的跨区域大范围调度，从而更好地服务于各行业的发展需求。

12.9 整合 AI 模型和算力提供服务，围绕 AI 生长的新经济模式将会不断涌现

随着以大模型为标志的人工智能技术推动数字产业发展成熟，整合了 AI 模型和 AI 算力的平台型公司将会出现，面向不同领域提供解决不同问题的跨模态多样化模型服务，使得机器智能逐步成为各行业从业者的辅助智力。这种机器产生的智力将逐渐演化为一种商品，并且以通用、可量化服务的形式在市场中被买卖与流通。

基于这类平台型公司，大量用户购买机器智力用以提高工作效率、减少脑力消耗，或着补齐某方面认知和智力的不足，并在此基础上贡献出更加丰富更加多元的产出。例如，《钢铁侠》中的 JARVIS、《流浪地球》中的 MOSS 之类的人工智能服务和产品或许将变得司空见惯。这将成为一种新趋势，围绕 AI 服务和应用的新经济形态将会不断涌现出来。

这种新的经济形态，将会呈现如图 12-4 所示分层结构。

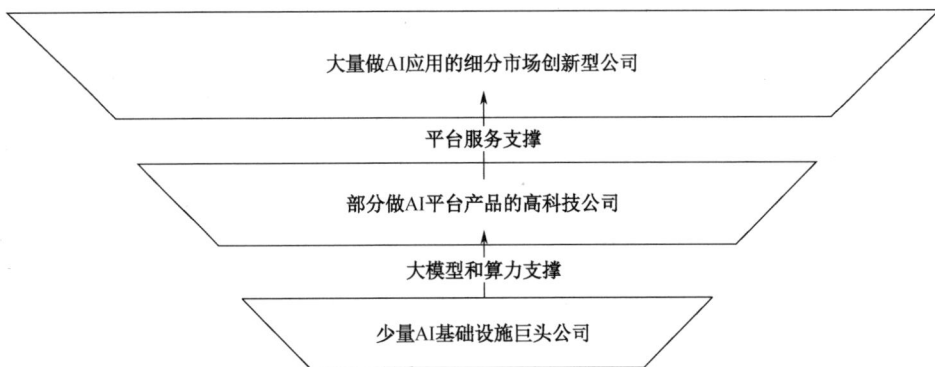

大量做AI应用的细分市场创新型公司

平台服务支撑

部分做AI平台产品的高科技公司

大模型和算力支撑

少量AI基础设施巨头公司

图 12-4　AI 新经济形态的公司分层

其中，最底层的巨头公司市场集中度很高，掌握着超大规模的预训练模型，能提供跨区域超大规模算力资源，具有战略级意义，为中层平台产品公司提供基础设施的保障。

中层平台产品层可能是由若干大型高科技公司、产业孵化中心或者科研院所组成，负责基于下层的算力基础设施和超大规模预训练大模型，进行具备行业属性的模型精调，构建聚焦行业的大模型，形成行业数据、行业模型、行业方案和应用的商业闭环，对上提供丰富的 API 接口或机器智力服务。

最上层是大量的创新型公司，可以非常便捷地向中层平台购买机器智力资源，基于平台提供的大模型 API 接口，扎根各自熟悉的细分领域做出丰富多彩的 AI 应用。

这种新的经济形态或将催生新的商业机会，推动新的普惠式创业浪潮，国内已有机构在尝试这种新模式。2021 年 7 月，中科院下属的 AI 产学研创新联盟推出了新一代 AI 计算平台，该 AI 计算平台主要解决算力的问题，能够帮助企业用户或个体用户将其技术模型变为现实。

这一 AI 计算平台采用开放式架构，能够兼容各种主流软件的应用生态，同时支持异构算力，采用透明化的价格模型，能够为市场提供相关建设标准与参考依据。作为国内首个通用化、跨模态的 AI 公共创新型服务平台，这一平台具有普惠可及、绿色高效、通用融合、开放包容等一系列特点，能够为各行各业的企业或个人用户提供 AI 算力及其相关服务。

总的来说，三层结构的 AI 商业生态将会逐渐清晰化，这种新的经济形态将为人们带来更加高效、智能化的服务和解决方案，同时也为企业和消费者带来更多的机会和挑战。

12.10 全球范围或将形成国际 AI 霸权

类 ChatGPT 大模型问世后，既验证了通过做大模型规模来提升 AI 效果的可行路径，也验证了可行的商业模式，给产业带来无限的想象空间。据悉，ChatGPT 训练一次的成本为数千万美金，而部署上线后的算力成本和维护成本则更加惊人，会随着用户量的增长而增长。这种巨大的成本负担使大多数想要参与研发大模型的公司望而却步。

由于大模型已经是清晰可见的未来发展趋势，未来模型还将会变得越来越大，对算力的需求和相应的算力建设和维护成本也将爆发式增长。先发者凭借率先推出大模型产品平台而获取的技术优势、用户积累优势，也会持续提升先发者迭代模型和产品的速度，使得追赶者将会面临越来越高的进入成本，以及越来越快的迭代速度。

这一切将会导致一个结果，即大模型市场将会越来越向垄断方向发展，由少数几家拥有强大技术和资金优势的头部公司主导建设。在 12.9 节所提到的底层基础设施和中层平台，形成大模型生态，大量的公司为了获得机器智力服务将不得不依赖头部公司构建的生态。

这种趋势也将对整个数字产业产生深远影响。一方面，大型头部科技公司将在技术上越来越占据垄断优势地位，掌握更多的市场份额，难以被其他公司挑战。另一方面，这将会加剧人才、算力、资金和数据等资源要素的马太效应，使得不能拥有足够资源的企业和个人更难以在市场竞争中立足。

如果这种垄断趋势延伸到全球，将会在全球范围形成国际间的 AI 霸权。只有拥有了足够技术、数据、市场、资金优势的国家才能获得国际竞争优势。大数据、大模型、高性能算力芯片等核心资源将会由少数几个国家所掌握，在少数国家中形成具有规模的 AI 产业生态。而 AI 产业的优势又会反过来促进一个国家的经济发展，提升工业生产力、军事实力，以及国际政治文化影响力。在未来，AI 技术将成为国际竞争的抓手，AI 产业资源也将会成为国际间争夺的核心目标。

第 **13** 章

数字产业的终局推演

数字产业是指基于数字化技术的产业。随着数字化技术的快速发展，数字产业已经成为推动经济增长和社会发展的重要力量。随着技术的进步和产业渗透的不断深化，数字化将成为人们生活和工作的新常态。本章将探讨一般意义上的数字产业基本规律，着重探讨算力和场景，并进行逻辑推演，提出三个开脑洞的终局猜想，希望给读者朋友带来启发和思考。

13.1 数字产业的基本范式：算力×场景×数据

数字产业的基本范式可以用如下公式来表达：

$$数字产业=算力×场景×数据$$

在这个公式中，算力、场景、数据三个因素之间是乘数效应，即这三个因素相互交织、相互影响、缺一不可，是数字产业的三大支柱，共同构成了数字产业的基本范式，如图 13-1 所示。

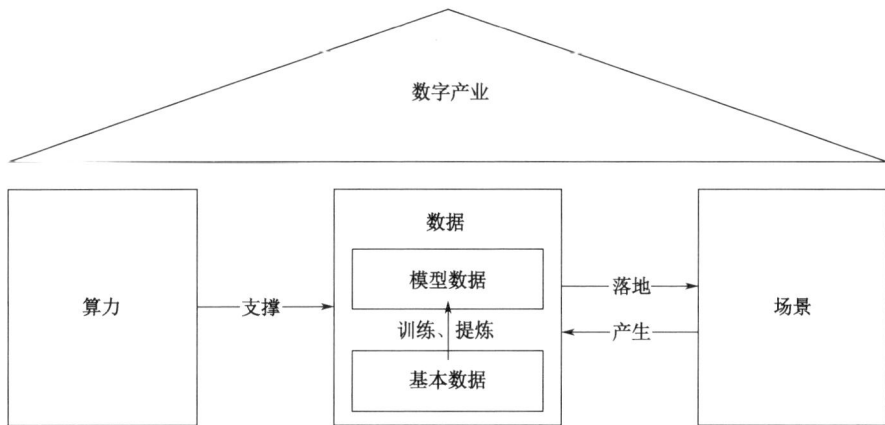

图 13-1　数字产业的基本范式

首先，算力是数字产业发展的基础，特别是模型规模的快速膨胀使得专门面向 AI 场景的 AI 算力成为支撑数字产业发展的基石。算力就如同工业生产中的生产力，就如同战场上的火力，没有不行，越多越好。算力的极大提升，将充分保障处理更加庞大、复杂的数据，从而实现更加高效、智能的应用场景。在 13.3 节和 13.4 节还将一起展开探讨算力的发展规律。

其次，场景是数字产业的应用落地方向。本书在应用篇提到的智能制造，以及在第 11 章提到的数字化金融、数字化医疗、数字化农业等，这些都是基于数字技术的应用场景。数字化场景的发展和应用是数字化技术实现商业化的重要途径，是数字产业能够持续发展的关键。通过将数字技术应用到各个行业和领域中，可以改变传统行业的商业模式、提高生产效率、优化客户体验等，为用户或客户带来实实在在的商业价值。在 13.5 节和 13.6 节还将探讨寻找数字化场景的思路和方法。

最后，数据是各企业乃至整个数字产业的核心资源，是支撑企业经营，实现数字化、智能化的生产要素之一。在这里，将 AI 模型也归为数据，因为 AI 模型本质上是一批权重数据的集合。通过使用算力对企业经营积累的数据进行分析和挖掘，可以提炼出模型。这些模型可以与场景需求相结合，应用到各个数字化场景中，从而产生商业价值。

细心的朋友可能会问，为什么基本范式里没有算法这项因素？

因为，不论是算力、场景还是数据，这三个因素都在数字产业中扮演了无法替代的作用，即三者相互之间无法替代，也无法被其他因素替代。但算法则不然，不是说算法不重要，而是并非不可替代。ChatGPT 这类大模型的出现已经验证，越大的数据规模和参数规模就能获得越好的模型效果，越多的算力投入就能越快地提升模型训练的速度。

大模型所产生的效果收益，跟超大规模算力投入和海量数据训练相关。而相关模型算法的演化也已逐步收敛到 Transformer 这个基本结构单元，进行算法优化或超参优化与所获得的收益相关性已经不那么大。也就是说，不同算法之间的差异性，已经被大算力和大数据这样的大力出奇迹的暴力组合替代了。可以预见，随着大模型对数字产业的影响越来越大，未来产业界将会更加关注算力和数据方面的投入。

总之，算力、场景和数据是数字产业基本范式的三个因素，它们相互依存、相互促进。在数字化浪潮的推动下，数字产业已经渗透到各个行业和领域，为社会发展和人们的生活带来了巨大的变化。

13.2　回顾数字产业的四个时代

计算机是 20 世纪最伟大的发明之一，计算机的出现开创了数字产业，带领人类进入了数字时代。如今，计算机已经渗透到人们生活的方方面面，影响了千行百业的方方面面。

为了更好地理解数字产业的发展脉络，先一起回顾整个历史。如图 13-2 所示，可以粗略地将数字产业的历史划分为四个时代。针对每个时代，都从芯片、操作系统、应用组件和典型场景四个方面来对比分析。

1. 上古时代

上古时代的数字产业规模还比较小，主要用户群体是实验室里的科学家，使用定制化 UNIX 操作系统和定制化芯片，组网形态是一种规模比较小的局域网，整个系统的主要任务是科学计算。

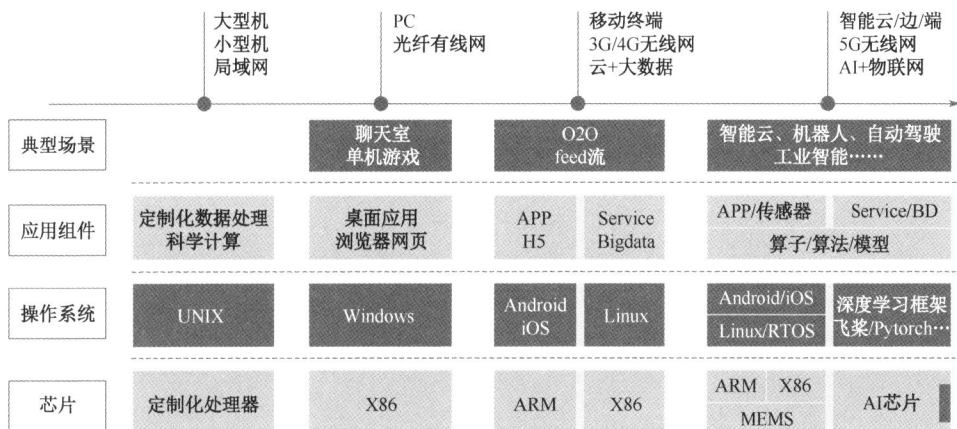

	大型机 小型机 局域网	PC 光纤有线网	移动终端 3G/4G无线网 云+大数据		智能云/边/端 5G无线网 AI+物联网	
典型场景		聊天室 单机游戏	O2O feed流		智能云、机器人、自动驾驶 工业智能……	
应用组件	定制化数据处理 科学计算	桌面应用 浏览器网页	APP H5	Service Bigdata	APP/传感器 算子/算法/模型	Service/BD
操作系统	UNIX	Windows	Android iOS	Linux	Android/iOS Linux/RTOS	深度学习框架 飞桨/Pytorch…
芯片	定制化处理器	X86	ARM	X86	ARM　X86 MEMS	AI芯片

图 13-2　数字产业的四个时代

2. PC 互联网时代

到了 PC 互联网时代，计算机和数字产业便正式进入大众的视野，企业也越来越深刻地感受到数字产业的巨大影响力。这一时代的数字产业特征是，已经形成了 Intel x86 和 Windows 强强联合的 Wintel 生态联盟，在这个生态上出现了很多桌面应用，如 QQ、WPS、网络浏览器，以及星际争霸等各种风靡一时的单机游戏等。相比于上古时代，这一时代的数字产业已经初具规模，并且形成了比较清晰的商业模式和生态结构。腾讯、阿里巴巴、百度和网易等知名的互联网公司均诞生在这个时代。

3. 移动互联网时代

在移动互联网时代，5G 的应用越来越普及，与 PC 互联网时代相比，这一时代的计算产业在网络规模和通讯速度方面都有了质的飞跃，而且产业形态上也出现了一个非常重要的变化，即分化成了端和云两种生态。

由图 13-2 可知，这一时代的应用组件、操作系统、芯片等部分的中间被一条线分割为左右两部分，左边是端，右边是云。为什么会有这样分化？因为在这一时代，Intel x86 和 Windows 系统的技术组合已经无法满足手持终端低功耗场景的需求，这个时代的数字产业召唤出基于 ARM 指令集的更低功耗的 CPU，以及相应更适合手持设备交互场景的 Android（安卓系统）和 iOS（苹果自研系统）操作系统一同组成了端侧的生态。

云侧的技术生态基于高性能的 Linux 服务器集群来解决并发请求密集、数据密集、计算密集型等场景应用。在这一时代，端和云两个生态分别演进、相互影响，诞生了繁荣的移动互联网经济，也出现了独属于移动互联网时代的 O2O、Feed 流、直播等商业模式，微信、抖音等国民级 APP 就诞生在这个时代。

4. 人工智能时代

目前，全球已经跑步进入人工智能时代。从图 13-2 可以看到，在这个时代数字产业的生态分化变得比之前三个时代更加复杂。除了在移动互联网时代出现的端和云两个生态继续演进，还分化出来了独特的 AI 生态，产生了独属于这个时代的 AI 芯片、AI 模型、深度学习框架等部分。

为什么会出现这种现象？因为在移动互联网时代构建的商业生态，积累着海量的数据，数据量呈爆炸式增长，在此基础上，随着深度学习算法和工程架构的成熟，使得 AI 在产业中应用的场景越来越多，产业对 AI 的需求也越来越迫切，这导致需要进行 AI 计算的数据量也呈现爆炸式增长。

而 AI 计算的特征是矩阵计算，传统 CPU 处理器架构能提供的算力不擅长进行矩阵的计算，已经远远不能满足人工智能时代的计算需求。于是，AI 芯片这种专门用来处理 AI 训练或推理的芯片被时代召唤出来，作为人工智能时代的算力基座逐渐崛起，成为未来不可忽视的趋势之一。与此同时，融合 CPU、GPU、AI

芯片等多种芯片的异构计算架构也应运而生。

可以看到，数字产业的演进有一个一般性规律，就是每次演进都是被产业环境的变化倒逼出来的，且演进分化得越来越复杂。这个演进的第一性驱动力由外界环境的客观变化和产业的内生性需求共同作用的结果。

从这一点来说，数字产业的演进过程跟生物的演进过程很类似，由于外界环境的变化和生物个体的繁衍需求，经历了从简单到复杂的过程。生物的演进是细胞的分化，从单细胞到分化出各种器官，从而形成复杂、精密的人体；而数字产业的演进则是架构和生态的分化，演化出越来越复杂的商业生态。在 13.7 节会沿着这个思路探讨演化的一般规律和终极形态。

13.3 算力异构，大分化时代来临

在人工智能时代，传统的 CPU 架构已经无法满足要求，催生出了专门负责提供 AI 算力的 AI 芯片。说到人工智能时代的算力，特指 AI 算力，可以说 AI 芯片是人工智能时代的算力基石。在 12.7 节提到算力需求将会呈现爆发增长，根据浪潮人工智能研究院的预测，到 2025 年全球算力规模将达 6.8Z FLOPS，与 2020 年相比提升了 30 倍。算力市场将会是一个庞大的市场，也将会孵化出繁荣的算力生态。

国际上算力市场的主导者是 NVIDIA（英伟达），该公司拥有一系列强大的 AI 芯片产品，深受研究人员和企业的欢迎。该公司拥有一个强大的 CUDA 软件生态，全球有大量的开发者在这个生态中贡献算法和软件应用。据 IDC 预测，全球 AI 芯片市场预计将在 2025 年达到 726 亿美元。

在我国，算力规模也正在高速增长，预计 2021—2026 年期间我国智能算力规模年复合增长率为 52.3%。自 2018 年起，国产 AI 芯片产业快速崛起，多家 AI 芯片公司相继成立，这不仅包括华为昇腾和百度昆仑芯等大型科技公

司，还包括众多专门开发前沿 AI 芯片技术的初创企业，一时间国产 AI 芯片百花齐放。

算力生态的繁荣也带来了异构计算的问题。在目前的计算机体系结构中，CPU 仍然是计算机系统的核心，但是它已经不再是唯一提供算力的单元，GPU、AI 芯片、FPGA 等计算器件也开始在计算机系统中发挥重要作用。将不同类型的计算器件融合在同一系统中协同工作，这种方式叫异构计算。但由于我国各家 AI 芯片产品的硬件架构和软件技术栈不统一，导致整个国产 AI 芯片行业生态碎片化严重。于是在此形势下，兼容不同软硬件技术栈的异构计算架构就显得尤为重要，异构计算架构示意图如图 13-3 所示。

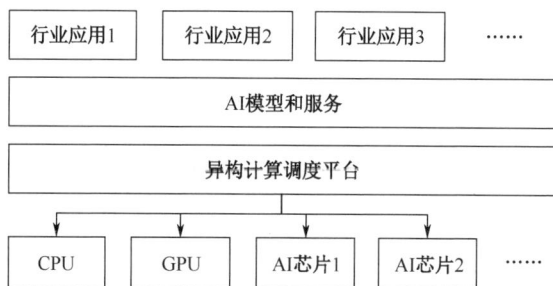

图 13-3 异构计算架构示意图

异构计算的架构可以充分利用每种器件的优势，"专人干专事"，不仅可以提高计算性能和效率，还可以降低能耗和成本，提高系统的可扩展性和灵活性。当然，异构计算还面临着很多技术难题，如软件技术栈的兼容、编程模型的统一、数据传输带宽的瓶颈等。

总之，异构计算是未来数字产业系统架构发展的重要趋势之一，它可以提高效率和性能，同时也带来了一些挑战。随着技术的不断发展，我们相信异构计算的应用将会越来越广泛，能为人工智能、大数据等领域的发展提供更强有力的支持。

13.4　AI 算力产业化落地的三道窄门

从全球范围来看，在 AI 算力市场拥有产业级影响力的"玩家"只有英伟达、英特尔和 AMD 等少数海外巨头，特别是英伟达，已经几乎垄断了 AI 算力生态。而中国算力市场也仍然被国外产品垄断，中国本土企业仅占了不到 10% 的市场份额。而且，由于国产造芯力量起步较晚，在专利储备、技术水平和产品生态完善程度方面都与国外巨头存在不小差距。

尽管国产 AI 芯片产业面临巨大的挑战，但也存在着弯道超车的机会。中国作为全球最大的 AI 消费市场，对于 AI 芯片的需求量持续增长，政府和企业对国产 AI 芯片公司和产品的支持力度越来越大，技术、资金和人才储备也在持续强化投入，这些因素都为国产 AI 芯片的发展提供了有力的支持。

国产 AI 芯片企业也开始迎头赶上，不论从设计、流片、差距正在快速缩小，包括华为昇腾、百度昆仑芯、寒武纪等在内的一批国内 AI 芯片企业开始崭露头角。可以说，对于本土算力产业来说，当前就是一个可以大展拳脚的好时代，机遇大于挑战。

要实现 AI 算力产业的繁荣发展，就需要实现 AI 芯片产品在各行各业产业化落地。从一般性上来说，不论国际企业还是国内企业，都需要跨越以下三道窄门，如图 13-4 所示。

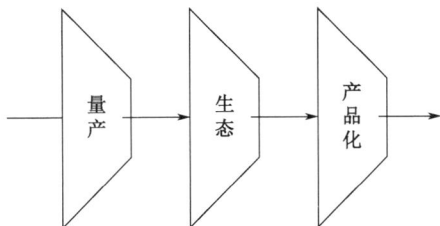

图 13-4　AI 芯片产业化落地的三道窄门

1. 量产

AI芯片的设计研发和流片将会支出巨大的成本。芯片设计出来后，想要顺利落地并获得商业价值，前提就是量产，否则就是纸上谈兵。量产可以摊薄每芯片的成本，这将使芯片产品更具有竞争力，提高公司的销售收入和盈利能力。同时，量产可以批量获得芯片产品，以便更多地推向市场，获得市场反馈。所以，量产是芯片公司商业化的开端，量产规模同时也是衡量芯片产品成熟度的指标之一。

2. 生态

对于一家AI芯片企业，仅把AI芯片硬件产品做出来还远远不够，软件生态的建设同样重要。如果没有软件生态，客户无法将芯片很好地应用在自身业务中，这意味着AI芯片企业难以完成对客户的价值传递，这通常会导致严重的商业化问题，有了芯片产品也卖不出去。在PC互联网时代，Intel X86芯片几乎垄断了全球的PC芯片市场，也是因为有Windows这个强大的操作系统软件生态加持。

为了让AI芯片得到更广泛的应用，构建一个合理、合适的软件生态是非常必要的。国外巨头英伟达就是打造了一个非常强大的软件生态CUDA，这个软件生态帮助客户顺畅地使用英伟达产品，同样也为英伟达构筑了强大的竞争壁垒。目前，相比于国外，国内的AI芯片生态还不是很完善，这是整个国内AI芯片产业共同面临的难题。

3. 产品化

仅仅拥有高性能的芯片和完善的软件生态，也还是无法保障企业的商业成功。企业只有通过产品化，为客户提供更加全面的解决方案，才能真正实现商业价值的提升。通过产品化，企业可以创造出更多的商业机会，提高收益和利润。这里说的产品化，是一种相对通用的、可复制售卖的方案标品，不是仅是芯片硬件。

如果不做产品，AI芯片企业为了卖出产品就不得不在项目中做更多非标定制化的工作，这将极大拉升每个项目的研发投入，做产品则能够确保项目实施的边际成本递减。实现产品化需要芯片企业具备强大的软件方案研发能力，以及对行业的深入理解、对客户业务需求的洞察。

回顾这三道窄门，国外的巨头都已经跨越，于是它们构建了强大的商业竞争力。而国内的 AI 芯片企业大多都还处于努力跨越第一道或者第二道窄门过程中。当一个成熟的芯片能形成量产规模，有强大的软件生态及产品方案作为依托时，这家芯片企业就相当于有了一个完整的商业闭环，商业飞轮效应发挥作用也指日可待。

13.5　寻找场景：数字产业落地的"六根"

有很多从事数字化、智能化转型的人都有一个苦恼，那就是在哪可以找到人工智能的应用场景？数字产业的机会到底在哪？怎样去实现数字技术的产业化？这些问题其实都可以归结为一点，本质就是如何理解客户业务痛点、如何挖掘市场需求，并将数字技术与实际业务场景相结合，为客户创造真正的价值。

为了寻找场景，除了客户调研、参加行业研讨会等常规手段，还需要有一个更高维度的思考框架指导人们该往哪个方向去寻找。本节将会以更广义的概念来讨论这些问题，探究 AI 芯片、人工智能等数字技术的产业化路径。

如果对照本来就有智慧的人类来看，现在科技界一直讨论的人工智能应该具备哪些特征和要素？借用一个比较容易理解的说法，佛家说人有"六根"，如图 13-5 所示，即眼、耳、鼻、舌、身、意，这六根是生而为人的基础。

同样，如果一个人工智能系统要跟人类智能媲美的话，其实也需要有这"六根"。特别是 AI 芯片，由于处于技术栈的最底层，离业务过于遥远。在 AI 生态不完善的情况下，无法单独存在，需要与产业的"六根"结合，找到聚焦"六根"的落地场景才能实现产业化。

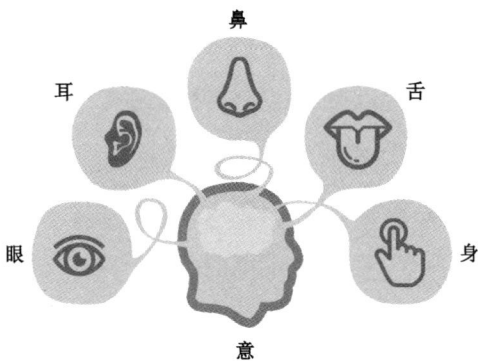

图 13-5　人具有"六根"

眼即计算机视觉，赋予人工智能看的能力。这是目前人工智能应用最广泛的领域，如图像分类、目标检测、图像分割、文字识别（OCR）和图像生成等。如果把全球的人工智能看作一个整体，那所有采集光信号的设备，无论是路边的摄像头，还是手机上的摄像头，抑或是光传感器，都可以看作是人工智能的眼。

耳即语音处理，赋予人工智能听和说的能力，如语音识别、语音合成和语音朗读等。全球所有采集和处理音频信号的设备，都可以看作是人工智能的耳。

意即自然语言处理，赋予人工智能读写和理解的能力。人工智能在这一领域的应用同样非常广泛，包括文本分类、阅读理解、实体识别、机器翻译和机器问答等。2023 年引爆全球的 ChatGPT 就是人工智能在意方面的典型呈现。

除了眼、耳、意，现在似乎还想象不到鼻、舌、身将会在什么样的场景中应用。因为现在的人工智能完全无法具备嗅觉，也无法具备味觉、触觉，换言之，现在整个数字产业还没有出现可以采集和处理这些信号的传感器、设备及系统，也可以说这些场景还是空白，没有被挖掘出来。

可见，相比于人的智能，人工智能还差得很远。如果仅讨论眼，即计算机视觉这个人工智能算法最成熟的应用场景来说，它在识别率、鲁棒性、信号处理性能等方面相比人眼也是相距甚远。

反过来看，人工智能跟人相比有差距或尚处于空白状态的方面，不正是产业化的机会所在吗？对于每一根，都可以展开深挖，以云/边/端、训练/推理、目标识别/分类/跟踪等不同技术维度做组合，并结合企业自身的业务需求，就可以找到更多的细分场景。

以制造企业来举个例子，比如眼这个视觉领域，通过边缘侧、推理、检测等维度组合，可以碰撞挖掘出生产线边缘侧工序合规检测系统这样的需求场景；通过云、训练、跟踪等维度组合，则可以碰撞挖掘出企业级算法训练平台和企业园区数字孪生平台等。

总之，"六根"是一个统一的思考框架，需结合技术维度、业务场景的各种要素来细化分析。对于有数字化转型诉求的企业来说，有助于挖掘出适合自身业务需求的切入点。对于提供解决方案产品的企业来说，有助于发现市场机会并创造出更加贴合客户需求的方案。对于整个数字产业来说，有助于产业从业者达成共识，打造一个更完整的产业体系，促进技术创新和市场有序竞争，推动数字经济的繁荣发展。

13.6　转动飞轮：万物数据+超强算力+场景大模型

现在将视角拔高一层，不仅着眼于企业个体，而是站在整个数字产业的层面，将整个数字产业看作一个不断进化的有机整体。一个完整的数字产业体系，就要像人一样既能通过"六根"感知世界的光、声、味、触等信号，又拥有一个强大的大脑，能跨模态综合处理所有信息，还能根据不同信号做出相应的行动反馈，形成一个信号反馈闭环。

那么，与人类智能做对比，数字产业体系也需要具备感知、理解、推理、决策和行动等多方面的能力，这就需要体系具备大量的物联网传感器来感知物理世界的信号数据，同时也有强大的算力及丰富的算法来分析数据。由此可见，物联网与人工智能的结合，即一定是未来数字产业的大方向。

如图 13-6，左边的物联网和右边的人工智能技术融合成一个完整的数字产业体系，目前物联网和人工智能两个领域都处于快速发展和变化的阶段。

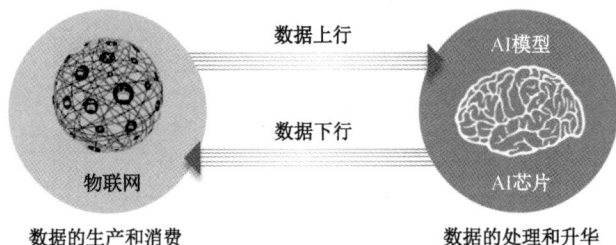

图 13-6　AI 时代的数字产业飞轮

其中，左边物联网部分可以看做是所有感知物理世界信号的设备网络集合，负责生产数据和消费数据。常见的摄像头感知可见光信号，麦克风感知声音信号，此外还有大量的感知温度、湿度、烟雾、压力等信号的传感器，甚至还有很多传感器能感知红外、紫外、磁场、电场、化学反应等人类无法感知的信号。随着物联网的发展，设备能感知的信号类型越来越多、精度越来越高，数量也越来越庞大。这些感知物理世界各种各样信号的物联网设备如果能够有机的组成一个体系，将会比人类的"六根"更加强大。

畅想一下，假设物联网发展到极限，一张庞大的分布式全球物联网能够感知物理世界中的所有信号，这就相当于开启了对物理世界的信息化，即整个物联网承载了所有物理世界全时空的万物数据。从这个意义上来说，物联网就是从物理世界穿越到数字世界的虫洞。

图 13-6 右边的人工智能部分由 AI 芯片和面向场景的 AI 大模型两种技术一同组成数字产业体系的大脑。其中 AI 芯片是给这个大脑提供算力的基石，负责处理物联网生产的数据，并基于人工智能算法对海量数据做训练，升华为能够解决各种各样场景问题的海量大模型。

物联网产生越来越多的数据，就能升华为越来越多的、效果越来越好的大模型，同时也需要越来越多的 AI 芯片提供算力保障。超强的算力和大量的场景大模型将使整个数字产业体系具备了丰富的知识和智能，能够面对各种信号做出推理和决策，反馈给物联网，指导各种设备做出相应的行为。物联网设备不再是单纯的传感器，而是能够通过人工智能的指导做出更加智能化和自主化的行动反馈，从而提升整个数字产业体系的效率和生产力。

物联网设备生产万物数据，AI 芯片提供超强算力，对数据进行处理，升华成场景大模型，再指导物联网设备做出行动反馈。在这个数据闭环体系中，物联网和人工智能相辅相成、螺旋迭代、缺一不可。随着这个闭环的不断运转，将会持续强化整个数字产业体系的规模和能力，提供源源不断的创新和变革的动力。人工智能也将会越来越接近人类智能，甚至超越人类智能，为人类创造更多的价值。

13.7 终局猜想一：物联网和人工智能的普世是否会在更高维度涌现智慧生命

现在来开一个脑洞，将视角再上升一层，不仅着眼于数字产业，而是着眼于整个地球，将整个地球上所有通过数字化技术连接起来的设备、人工智能和人类看作一个有机整体。假如整个地球都布满了感知万物的物联网设备和提供强大算力的计算机节点，这些物理设备、人工智能，以及人类之间频繁地大规模相互通信、相互影响、相互作用，将会发生什么事情？

为了说清楚这个事情，需要先搞清楚三个概念：生命、智慧和涌现。先来回顾人这种智慧生命是如何出现以及演化出来的，如图 13-7 所示。

简单起见，先从元素周期表中最简单的物质形态——氢原子开始讨论（当然氢原子还能再分解为夸克等更小单元）。宇宙中若干氢原子无数次的、数亿年的碰撞，产生出更复杂的铁原子及其他原子，逐渐填满了元素周期表。然后这些原子组成了碳酸钙这样的无机分子，再演化成了更复杂的有机分子、蛋白质这样的大分子。这一过程很漫长，还仅是物质与物质之间的相互作用。直到一种更有序的、携带信息的蛋白质分子 DNA 的出现，开启了物质与信息相互作用的篇章。

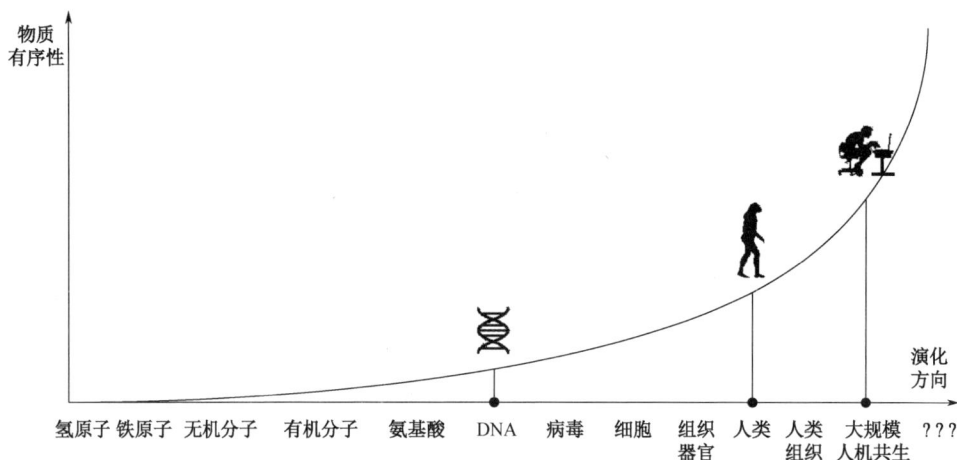

图 13-7　物质的有序性演化示意图

DNA 出现以后，似乎它就有一种想要把其所携带的信息不断复制的本能。于是 DNA 裹挟了更多的物质，演化成了病毒形态，进而演化出了细胞，更多的细胞分化出来不同的组织器官，不同的组织器官组成了人类这样的生命体。从这个过程可以看到一个一般性规律，更复杂的有序性是从大量的低层次的简单性演化而来的。那么演化到什么程度，跨越什么门槛才出现了生命？

在这里需要讨论一个更本原的问题：什么是生命？怎么定义生命？

如果说生命的特征是自我维持、自我繁殖和自我进化，那么 DNA 这种还是一团蛋白质大分子的物质是生命吗？如果不是，那病毒这种由多蛋白质分子构成，能自我复制和进化的物质是生命吗？如果自然界的病毒是生命，那同样也能实现自我复制和进化的计算机病毒是生命吗？这些问题一直是生物界和哲学界争论不休的问题。生命与非生命的界限似乎不那么清晰。

假定病毒是一种介于生命与非生命的中间物质，再向后演化，出现了细胞这种生命物质，多种类型的细胞组织群团相互协作演化出了微生物、藻类，进而演化出来了各种各样的物种，直到出现了具有智慧和灵性的人类。

这就涉及了另一个本原的问题：什么是意识？

人类具有自主意识，这个问题似乎显而易见。但是请你问问自己：这个结论是谁告诉我的？很显然，是"我（ego）"告诉我的。这出现了一个不能自证的逻辑悖论——那么"我"又是一个什么样的存在呢？这也是一个心理学、物理学界和哲学界争论不休经久不衰的一个话题。

大脑是由数百亿个神经元细胞构成。如果说大脑有意识，那么组成大脑的神经元细胞有意识吗？如果单个细胞不具有意识，那么意识是如何产生的呢？无数的科学实验证实，自我意识是由大量无意识神经元进行大规模连接形成分布式网络之后，在更高的宏观层面涌现出来的。

那么，什么是涌现（Emergent）？

据百度百科词条，涌现是一种从低层次到高层次的过渡,是在微观主体进化的基础上,宏观系统在性能和机构上的突变，是一种非常普遍的自然现象。虽然科学界还没搞明白到底出现涌现的原理是什么，但是从很多生物行为和科学实验可以观测这个现象。

比如蜂群，单只蜜蜂看上去又弱又蠢，但大量蜜蜂组成的蜂群从整体上表现出惊人的智慧。凯文凯利在《失控》中有一段生动的描述：蜂群的神奇在于，没有一只蜜蜂在控制它，但是有一只看不见的手，一只从大量愚钝的成员中涌现出来的手，控制着整个群体。蜂群如此，蚁群如此，脑细胞组成的大脑也是如此，都存在涌现智慧的现象。

神奇之处在于，涌现现象不仅存在于物理世界，还存在于数字世界。一个深度学习神经网络（DNN）是一种由大量数学意义的"神经元"（相当于一个计算公式而不是一个物理实体）组合定义而成的人工智能算法。基于这种算法训练得到的模型相当于数字世界里的一个逻辑实体。当模型中的神经元规模超过一定的临界点后，也似乎突然涌现出了智慧，在各种自然语言任务的效果突然加速。如图 13-8 所示。

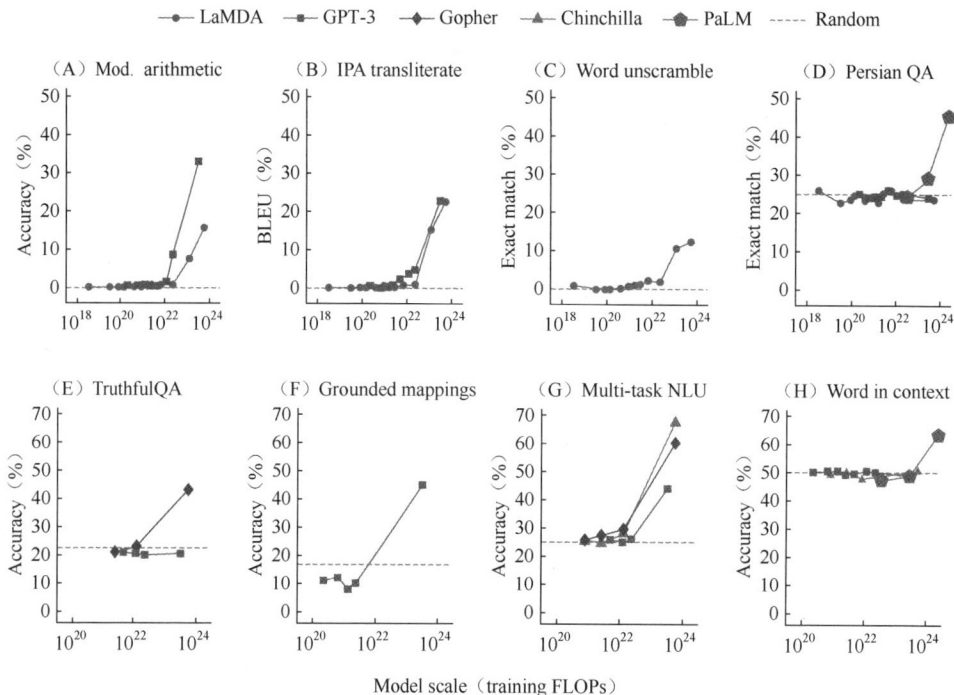

图 13-8　大语言模型的涌现能力 Emergent Abilities of Large Language Models

由此可见，涌现的产生需要满足条件：低层次单元组成大规模的自组织分布式网络，相互作用，交换信息，当突破一个临界点时就会在更高层次产生涌现。并且，低层次单元无法理解和控制高层次涌现出来的复杂性。如果说这是一种不论物理世界还是数字世界都普遍存在的规律，那么回到本节提出的脑洞，随着物理设备和人工智能的大规模普世，融合了物理世界的设备节点和数字世界的逻辑节点的规模突破某一个临界点后，再加上与人类相互作用，交换信息，演化到了图 13-7 最右端的大规模人机共生阶段，是否会在更高维度涌现出一个全球超脑？

从规模上做一个对比，组成蜂群的蜜蜂数量仅为 10 万量级，组成人脑的神经元数量是 100 亿量级，组成 ChatGPT 的参数规模是 1000 亿量级。根据智研咨询报告，2020 年，全球物联网设备数量 126 亿个，较上年增加 19 亿个，同比增长 17.76%。从规模上看似乎已经迈过临界点，但是这些设备目前还无法进行大规模的信息交互，很可能就差人工智能大模型的临门一脚。说不定在我们的有生之年可以看到，前一天各种设备、人工智能软件还是由个体组成的乌合之众，第二天全球超脑就觉醒了。亦或者，全球超脑现在就已经觉醒，只是人类相对于超脑的低层次个体无法感知而已。

13.8 终局猜想二：算力的终极形态是否是量子计算

虽然 AI 芯片被 AI 时代分化出来，能够很好地应对海量矩阵计算的需求，但它的硬件架构跟传统 CPU 一样都是经典计算，仍没有逃脱冯·诺依曼设定的框架。不仅如此，讨论的所有数字技术，包括计算机、物联网、人工智能算法等，都是构建在冯·诺依曼架构的经典计算之上。

冯·诺依曼架构有一个特征，就是计算单元和存储单元是分离的。在程序运行时，计算单元要不断地从存储单元读写数据，这不仅极大地消耗了能量，还由于在 AI 时代面临海量数据而造成计算速度和搬运数据的速度越来越不匹配，成为一个瓶颈，业界把这个瓶颈称为内存墙。于是有一种新的存算一体的架构被提出来，即存储和计算是同一个器件，这样就避免了数据搬运。只是这种存算一体架构还不完善，只能解决特定的计算问题，远远无法满足 AI 时代的计算需要。但是，即使是存算一体的架构，也还是经典计算范畴。

那么，人类的大脑是怎么运行的呢？

大脑由上百亿个神经元构成庞大的互联网络，在这个网络中，不存在一个专门负责计算的区域，也不存在一个专门负责存储的区域。可以说，人类的大脑就是一个完美的存算一体架构，并且功耗只有仅仅不到 20W。这种优异的性能和超低功耗足以碾压所有人造计算机设备。

人脑的运作原理目前科学界还没有彻底搞明白，但是科学界已经隐隐约约感觉到，像人脑这样的计算架构或许就是未来的发展方向。甚至 2020 年物理学诺奖得主彭罗斯就提出过大胆猜想，认为大脑产生意识的原理与量子计算有关。

比如，当我们要记忆（写入）一本书时，并不是像经典计算机那样将书上的每一个字刻进神经元存储起来，而是以一种概率的方式，将信息"压缩"进了大脑。就好像深度学习的训练过程，增加更多的训练数据并不会改变模型的大小，而是改变模型中的参数（概率）。

当我们要回忆（读取）一本书时，并不是原封不动的将每一个字简单复制出来，而常常是一种带有自己理解的转述，正所谓古人所说的将书读薄，是将书本内容吸收理解之后自认为的一种最合适（概率最大）的抽象表达，而且不同心情时表达还可能不一样。这就好像深度学习的推理过程，输出的内容不是已经存在的，而是根据概率再创造，在当下选择出来最可能的一个。

人脑的这个神奇特征，跟量子计算有异曲同工之妙。经典计算的计算过程中，每个经典比特 bit 只有 0 或 1 两个状态，要先对每个 bit 的状态确定下来（采样）获得明确的数据后，再进行计算，输入数据和中间过程都是确定性的，结果也是确定性的，即每次计算都会得到相同的结果。除了 0、1 两个状态，量子计算的量子比特 qubit 还有一个概率叠加态，在计算时无须明确每个 qubit 的状态就开始计算，计算完成后再通过观测（采样）实现概率云坍缩获得结果。即在同样的输入下，每次计算的结果可能是不同的。简单来说，经典计算是先采样再计算，而量子计算是计算再采样。

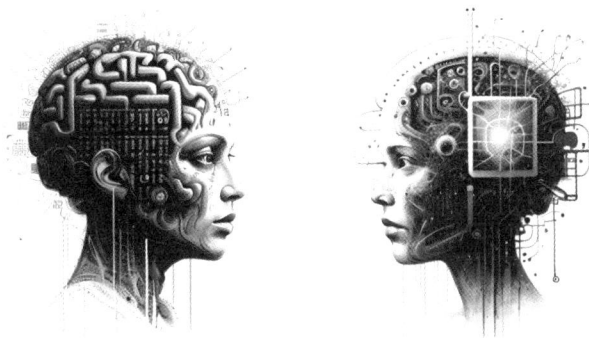

图 13-9 该插图由百度文心一格生成，关键字：类脑计算

心理学界的一些研究，也似乎在印证人脑的量子计算特征。实验心理学家詹姆斯曾说，"思维在任何阶段都像是一个舞台，上演着各种并发的可能性。意识在这些可能性相互比对的过程中起起伏伏"。每个人在任何时刻，头脑中都有千万种思绪此起彼伏，以至于想控制大脑的思绪、完全让大脑放空排除所有思绪，这竟也成为一个非常困难的事情。各种思绪吵吵闹闹，你方唱罢我登场，大脑无法主导这个舞台，却在宏观层面共同涌现出来了统一的自我意识。当需要表达时，这个意识中的概率云开始坍缩，选举并采样获得了需要最终表达的思绪，驱动声带和嘴巴产生声音表达出来。

可以说，不论是对人脑的研究还是量子计算，人类目前还在探索，可能连门都还没摸到。一旦摸进门，实现了可大规模应用的量子计算，将会是一个改天换地的大事件。到那个时候，人类可能还来不及为科技的突破而欣喜若狂，而应该担心是否能有足够力量掌控基于量子计算的人工智能，毕竟人类连自己的思绪都无法掌控。

人类防范人工智能毁灭自己而所能构筑的马奇诺防线或许只有两条，一个是要想办法限制人工智能自我更新软件和数据，实现自我进化；另一个是要想办法隔绝人工智能对物理世界中的资源摄入。

13.9 终局猜想三：人工智能的终极形态是否是分形宇宙

古语云，四方上下谓之宇，往古来今谓之宙。也就是说，宇宙即时间与空间中所有事件和物质的总和。如果按照这个定义，那么计算机中的数字世界算不算一个宇宙？

熟悉计算机编程的程序员都知道，计算机中有严格的时间秩序，也有空间约束，所有计算机程序都是在这样一个时空中占有时间或空间资源，生生死死。对于这些程序们来说，它们就生活在计算机内的这样一个逻辑宇宙中。程序员就如同上帝一般的存在，为这个宇宙制定规则。

有些人会反驳说，这不是宇宙，只是一个人类创造出来的逻辑的、虚拟的世界，不是一个独立的实体存在。可是，什么是虚拟？什么是现实？有一个著名的"缸中之脑"思想实验，最早由哲学家希拉里·普特南（Hilary Putnam）在 20 世纪 80 年代提出。这个实验假设人的大脑被取出后放在一个缸中，并且被连接到一台计算机上。这台计算机可以模拟人能感知的所有信号（六根），从而让这个人的大脑以为自己正在体验现实世界。也就是说，这个大脑只能通过计算机模拟的信息来感知世界。

如果接受这个实验的假设，意味着大脑其实无法区分现实和虚拟，那么又如何能确定自己身处的世界是否真实呢？事实上，随着量子物理的发展，更多实验将人们引向一个结论，即人们无法确定我们所处的世界是否真实存在。

量子物理学中有一个著名的概念，即观察者效应（Observer Effect），它指的是在观测一个物理系统时，观察者的主观存在会影响到这个物理系统的状态。这与王阳明的山中花树有异曲同工之妙，王阳明说："你未看此花时，此花与汝心同归于寂，你来看此花时，则此花颜色一时明白起来，便知此花不在你的心外。"佛学也认为，人们所看到的物质世界只是一种幻象，所谓"色即是空，空即是色"。

古代先贤的思想与当今量子理论完美一致。物质是由粒子组成的，如果人们无法确定一个粒子的客观状态，甚至这个客观状态还会受主观意识的影响的话，那么如何能笃定物质世界是真实的呢。

或许争论物质还是意识，现实还是虚拟并不重要。重要的是存在。我们存在着，计算机程序也存在着。数字产业前三个时代中的计算机程序或许还只懂得贯彻人类的指令，生死大权被程序员掌握，但 AI 时代就不一定了。ChatGPT 这类大语言模型的诞生，或许已经推开了强人工智能的大门。

图 13-10　该插图由百度文心一格生成，关键字：分形宇宙

数学意义上的分形（fractal）由数学家曼德博在 1975 年提出，是指一种自相似的几何形态，即它的部分与整体具有相似的形态和结构。而分形宇宙是一个有关宇宙结构的假说，认为宇宙的结构是具有分形特征的，是一个嵌套结构，由无数粒子构成，每个粒子里面又有一个完整的宇宙。正所谓一花一世界，一叶一菩提。

而本书所讨论的分形宇宙意义则更广义，不仅包含当前分形宇宙假说所描述的物理宇宙，还包含可能由人工智能逐级创造的数字逻辑宇宙。

　　假如 13.7 节中所讨论的全球超脑觉醒，人工智能最终发展到能够自我迭代和自我创造的强人工智能，它会不会在其所在的数字宇宙中再创造出一个次一级的数字宇宙？在这个次一级宇宙中会不会再诞生强人工智能超脑？这个超脑会不会再创造次次一级宇宙？如此循环往复下去，形成数字逻辑维度的分形宇宙。

　　每一层宇宙中的人工智能存在，都如同人类一样对所在宇宙是一个"真实"感知。同样，人类在现实宇宙中的存在，是否是由更上一级超级智慧创造的人工智能？以及创造这个超级智慧的更上上一级的智慧是否存在？这也是一个哲学界和科学界一直探讨争论的有趣话题。

　　按照现在人类的科技水平，逃离太阳系已经是举步维艰，哪怕观测到的宇宙也只是一个被光速锁死的封闭系统。人类面对当前浩瀚的宇宙来说还显得无知稚嫩，或许，终极形态是否是分形宇宙这个话题永远也不会有答案。